《铁路客车段修规程》学习手册

主　编　　史新伟　史富强
副主编　　李志涛　齐新明

西南交通大学出版社
·成　都·

图书在版编目（CIP）数据

《铁路客车段修规程》学习手册 / 史新伟，史富强主编. — 成都：西南交通大学出版社，2022.12
ISBN 978-7-5643-9056-3

Ⅰ. ①铁… Ⅱ. ①史… ②史… Ⅲ. ①铁路车辆 – 货车 – 段修 – 技术操作规程 – 西安 – 手册 Ⅳ. ①U279.3-65

中国版本图书馆 CIP 数据核字（2022）第 237749 号

《Tielu Keche Duanxiu Guicheng》Xuexi Shouce
《铁路客车段修规程》学习手册

主　编 / 史新伟　史富强

责任编辑 / 李芳芳
封面设计 / GT 工作室

西南交通大学出版社出版发行
（四川省成都市金牛区二环路北一段 111 号西南交通大学创新大厦 21 楼　610031）
发行部电话：028-87600564　028-87600533
网址：http://www.xnjdcbs.com
印刷：四川森林印务有限责任公司

成品尺寸　185 mm × 260 mm
印张　8.75　　字数　212 千
版次　2022 年 12 月第 1 版　　印次　2022 年 12 月第 1 次

书号　ISBN 978-7-5643-9056-3
定价　39.00 元

前　言

近年来，随着我国铁路客车事业的快速发展，铁路客车技术装备加快升级，铁路客车生产组织、作业方式、技术标准发生了较大变化，对从事铁路客车检修工作的专业技术人员的知识结构、技能结构等方面提出了更高要求。为加强铁路客车段修技术人员队伍的建设，提高铁路客车段修的整体水平，增强铁路客车职业教育和技术业务培训的系统性、针对性；同时为能从根本上解决问题，编者团队通过对我国铁路高等院校铁路客车专业，特别是对铁路客车段修教学培训情况进行调研和统计，发现铁路高校关于客车检修的实用型教材和教学资料仍旧欠缺，且高校铁道客车检修的教学工作存在着知识老化、与现场实用型技能型人才培养脱节，影响铁路客车技能人才培养质量。为此，中国铁路西安局集团有限公司车辆部联合西安地区部分铁路职业技术学校从事铁道车辆教学和科研工作的教师共同组织编写了《铁路客车段修规程》学习手册，旨在引导铁路客车生产一线和铁路院校加强铁路客车检修等专业建设，将铁路企业现场新技术、新规章、新技能融入专业教材中，指导院校完善课程体系，改进专业教学，提高铁路人才队伍源头的培养质量。

本书在编写过程中由中国铁路西安局集团有限公司车辆部组织铁路客车车辆专业技术人员及院校专家共同编写，为早日应用到现场和教学，编者历时半年几经修订后完成。在教材编写过程中，广泛征求了铁路客车检修一线工作人员和铁路院校客车专家意见，并多次修改完善。本书概括了铁路客车检修的基本内容、基本要求，是我国铁路客车检修方面的参考教材。

本书系统全面涵盖了我国目前铁路客车段修主要岗位工作内容和要求，编写思路清晰，结构科学严谨，反映了铁路客车检修的基本特色和要求；具有一定的指导性，编写团队坚持专业领航、产教融合、校企合作，由中国铁路西安局集团有限公司车辆部牵头把关，组织高职院校、生产检修企业的专业人士，潜心撰写，深入研讨；实用性强，注重对新规章标准文件的运用和解答，针对铁路客车现场岗位技能要求，确保内容与铁路客车检修标准相契合，突出了铁路客车检修职工岗位必知必会内容，避免晦涩难懂的专业术语和理论运算，体现实用性和可读性相互兼顾。根据职业院校和铁路职工岗位专业学习的特点，本书突出了铁路专业学科的知识体系、逻辑结构和体例风格，特别是结合现场工作要求，突出岗位技能，使广大师生和铁路从业人员学得懂、用得上。

本书既可作为高等职业学校铁道客车专业辅导教材和学习材料，同时也可作为铁路客车检修方面管理人员、专业技术人员、技能人员岗位培训和业务学习参考用书。

本书由中国铁路西安局集团有限公司车辆部史新伟和陕西交通职业技术学院史富强共同担任主编，中国铁路西安局集团有限公司车辆部李志涛和中国铁路乌鲁木齐局集团有限公司乌鲁木齐车辆段齐新明担任副主编，具体编写分工为：史新伟编写 1、2、3、4、5 的内容，史富强编写 6 的内容，李志涛编写 7、8 的内容，齐新明编写 9、10 和附录的内容，全书由史富强和李志涛统稿。

编者水平有限，纰漏之处在所难免，欢迎读者批评指正。

编　者

2022 年 7 月

Contents 目 录

1 总 则

本节由铁路客车总体要求、基本要求两部分组成，主要概述了铁路客车检修基本管理制度和零部件检修通用要求。

学习重点

铁路客车段修周期、零部件安装规定、配件焊修及管理规定及零部件检修范围。

学习难点

理解铁路客车 A2 修、A3 修周期要求，对零部件检修及试验要求须明确熟知。

学习基本方法与建议

直接学习法，将检修及试验要求熟知。

1.1 总体要求

1. 铁路客车（以下简称客车）是旅客运输的重要技术装备，为使其在运营中保持安全可靠、性能良好，须定期进行检修。客车段修（A2、A3 级检修）的任务是恢复其基本性能，安全舒适地运送旅客。为指导现场检修生产，依据《铁路技术管理规程》《铁路客车段修规程》等文件，特制定本教材。

2. 根据客车及其主要零部件的设计要求，客车段修以可靠性为目标，实行以走行公里为主、时间周期为辅的计划预防维修制度，换件修和状态修相结合的检修模式。

3. 客车段修实行资质管理，检修单位须取得相应车型检修资质。

4. 客车段修原则上按现车结构检修，结合段修进行的加装改造须按规定程序办理。

5. 客车段修能力须配置合理，关键工序做到分解与检查检测、修理分开，修理与组装分开，待修配件与修竣配件分开。

6. 客车段修配备的工装设备及检测计量器具须满足段修工艺要求，逐步实现检修、检测机械化、自动化。检测、探伤、试验设备和计量器具须按规定定期校验、检定。

7. 客车段修单位应完善质量保证体系，健全质量管理机构，全面落实质量责任制。

8. 客车段修单位须建立健全专业技术管理体系，配备段修所需的技术规章、技术标准、工艺文件、产品图样、维护使用说明书等技术资料，并根据检修项目及岗位编制对应作业指导书。

9. 客车段修单位须在贯彻零部件标准化、通用化的基础上，积极推行新技术、新工艺、新材料、新装备，不断提高客车检修技术水平。

10.客车段修在执行本规程的同时，还须参照执行有关标准和规章的相关规定。当规程规定不明确或与现车实际有出入时，须在保证安全的前提下，由段修单位参照使用维护说明书等技术文件制定检修方案，按程序报省上级主管部门，发生的质量问题由段修单位负责。

11. 教材适用于标记速度不大于 160 km/h、在国铁线路上运行的客车，本规程中未特别注明的，A2、A3 修程均适用。按客车管理的其他用途车可参照执行。

1.2 基本要求

1. 客车段修周期：

走行公里和时间周期以先到者为准，时间周期计算到月。

（1）A2 修：运行 60^{+6}_{0} 万 km 或距前次 A2 修以上修程 2.5 年。

（2）A3 修：距前次 A2 修运行 60^{+6}_{0} 万 km 或 2.5 年。

2. 教材中的“分解”未特殊说明时，均不包括焊接结构和铆接结构（拉铆结构除外）。

3. 教材中未明确说明的电气绝缘值是指相对湿度不大于 65%时的值。

4. 教材中的磨耗、腐蚀限度，未特殊说明时均以设计尺寸为基本尺寸,圆销、衬套的腐蚀、磨耗未特殊说明的均指直径，板材、管材的腐蚀、磨耗未特殊说明的均指厚度（深度）。

5. 本规程中清除锈垢无明确要求的，清洁度均须达到《已涂覆过的钢材表面局部清除原有涂层后的处理等级》（GB/T 8923.2—2008）规定的 St2 级或 Sa2 级标准。

6. 本规程中裂纹检查方法无明确要求时，均为目视检查。

7. 客车段修时探伤件经热处理、调修后或经过焊修、机械加工的探伤部位须复探。外购新品可不探伤（另有规定者除外）。

8. 金属件检修完成后表面须进行防腐处理，喷涂底漆、面漆漆膜厚度均不小于 60 μm。不锈钢件、铝制件、铭牌及电镀件、喷塑件和有特殊要求者除外。

9. 钢结构铆接时须符合《铁道车辆修理铆接技术条件》（TB/T 2911—2016）。拉铆铆接时原则上采用钢铆钉或不锈钢铆钉。

10. 衬套压装后不得有裂纹、缺损、松动现象，组装后衬套凸出基体表面不大于 1 mm，或凹入不大于 2 mm（有特殊要求者除外）。衬套基体孔磨耗、损伤导致衬套松动时，允许换装等级衬套，磨耗、损伤严重者须加修孔，衬套须符合《机车车辆用衬套》（TB/T 1240—2009）要求。

11. 各部位连接圆销竖向或斜向安装时，穿向由上向下；横向安装的圆销以车体中心线为界，穿向由里向外。有特殊要求或受空间限制者除外。

12. 各开口销分解时更新。开口销须双向均匀劈开，角度为60°～90°，劈开后受结构限制，不能转动1周时须卷起。

13. 各安全钢丝绳断股或断丝数量超过总数10%时更新，钢丝绳胶套脱落、破损时更新。

14. 螺纹紧固件。

（1）重复使用的螺栓、螺母螺纹须状态良好。与防松螺母配套使用的螺栓为新品，弹簧垫圈分解时更新。采用双螺母结构（螺母厚度不同时，薄螺母在内）时，内侧螺母采用80%的力矩紧固，外螺母采用100%的力矩紧固。

（2）转向架、车下悬吊及车钩缓冲装置螺纹紧固件紧固后，M8及以上螺栓或螺母须在便于观察的位置涂打防松标记（采用防松片、防松铁丝的除外）。

（3）各螺栓有紧固力矩要求的，须符合相应力矩要求。组装紧固后，螺杆须露出螺母2扣及以上（受结构限制,可露出1扣以上），且不得影响本零件及其他零部件的组装。

（4）各部位紧固力矩见附件C。

15. 焊修。

（1）本规程中因磨耗、腐蚀到限进行焊修时，须加工至原型尺寸（板材局部腐蚀焊修后与周边基面平齐）；打磨消除缺陷时须圆滑过渡。

（2）焊接材料须符合《不锈钢焊条》（GB/T 983）、《非合金钢及细晶粒钢焊条》（GB/T 5117）、《热强钢焊条》（GB/T 5118）规定，或采用相当牌号的焊条、焊丝；钢结构焊接须符合《机车车辆修理焊接技术条件》（Q/CR 167）；铸钢件焊接须符合《机车车辆用铸钢件　第1部分：技术要求及检验》（TB/T 2942.1）。

（3）焊接使用的金属材料须经表面处理，且须使用与基体母材相同或相近的材料。

16. 配件管理。

（1）客车段修装用的配件和材料须满足设计结构要求，采用替代产品或技术升级时须遵循以优代劣的原则。

（2）段修客车装用的重要零部件须按规定涂（刻）打或粘贴检修标记（单位代号、编号、检修年月、装用年月等），新品重要零部件还须有永久的制造标记（单位代号、制造年月等）。

（3）新品零部件须按规定进行入库检验，使用前须按规定进行全数外观质量检查。良好配件储存条件须符合规定要求，并按先进先出的原则在规定存放期限内装车使用。

（4）车内使用材料须符合《机车车辆非金属材料及室内空气有害物质限量》（TB/T 3139）、《铁路客车非金属材料阻燃技术条件》（Q/CR 699）的规定。

17. 客车重要零部件实行质量保证、寿命管理。在质量保证期内发生质量问题时，由配件制造单位承担质量保证责任。实行寿命管理的配件，根据剩余寿命情况，确定更换或继续使用。寿命期限以首次装用时间为准，装用时间不明时以制造时间为准；在使用寿命期限内，因设计、制造缺陷或材质原因造成的安全质量问题，由制造单位负责。

18. 客车段修单位须按简洁、实用、有效的原则建立检修记录（具备条件时，采取电子台账，但须实现质量追溯目的）。记录基本内容须包括配件名称、规格型号、制造标记、检修内容、检修（检验）人员、检修日期等信息；每项检修项目作业完毕后，按规定如实填写记录单并签章，做到字迹清晰、干净整洁、不涂不改、不错不漏；检修记录实行一车一档管理，保存一个 A3 修周期或 5 年。

19. 客车段修单位按规定使用和完善 KMIS 系统，逐步实现客车段修信息化管理。

20. 客车段修单位须推行生产网络计划管理，不断优化生产组织，合理控制段修修时。客车段修修时为 5 ~ 7 个工作日（发电车、特种车可适当延长）。

21. 客车段修单位对承修客车实行质量保证管理，经段修的客车，在正常运用维护、使用及不存在原始制造缺陷的情况下，质量保证期须符合表 1-1 的要求，表中未明确项目，质保期为 1 个 A1 修周期,易损易耗件除外。

表 1-1　客车段修质量保证期

序号	零部件名称	段修质保项目	段修质保期
1	各吊、各销、摇枕吊、吊轴及制动梁端轴	不断裂	1 个 A2 修
2	衬套	不松动、不裂损	1 个 A2 修
3	弹性定位套	不裂、不脱胶	1 个 A2 修
4	橡胶节点（25T 型除外）	不松动、裂损不过限	1 个 A3 修
5	209HS 轴箱定位器	不裂、不脱胶	1 个 A2 修
6	供水管路、水暖散热管	各接头不漏	1 个 A2 修
7	15 系列钩体、钩舌、钩尾框	不裂	1 个 A2 修
8	车体配线	不因检查、修理不当而影响安全使用	1 个 A2 修
9	折棚风挡	不漏水	1 个 A2 修
10	油漆面层涂膜（25T 型和 25G 型 600V 客车除外）	不裂、不剥落、无明显褪色	1 个 A3 修

22．零部件检修范围如表 1-2 所示。

表 1-2 零部件检修范围表

章节号	检修项目		检修要求		试验要求		是否原车原装	备注
	分类	检修配件名称	A2	A3	A2	A3		
2.1	车体	钢结构	Z_Z	Z_Z			—	
2.1.2		底架各梁	Z_Z	Z_Z			—	
2.1.3		裙板	Z_Z	Z_Z	○	○	—	
2.1.4		通过台	Z_Z	Z_Z			—	
2.1.4.1		翻板、脚蹬	Z_Z	Z_F	○	○	—	
2.1.4.2	车体	扶手	Z_Z	Z_Z			—	
2.2		风挡	Z_Z	Z_Z			—	
2.2.1		橡胶风挡	Z_Z	Z_Z			—	
2.2.2		铁风挡	Z_Z	Z_Z			—	
2.2.3		折棚风挡	Z_Z	Z_Z			—	
2.3		车端缓冲及阻尼装置	Z_Z	F_F			—	
2.4		防火装置	Z_Z	Z_Z			—	
3.1	车钩缓冲装置	15 系列车钩缓冲装置	F_F	F_F	⊙	⊙	—	
3.2		密接式车钩缓冲装置	Z_Z	F_F	○	○	—	
3.3		15 号托梁式车钩	Z_Z	Z_Z	○	○	—	
			F_F	F_F	○	○		首尾车和到期车钩
3.4		CA-3 型车钩缓冲装置	F_F	F_F	⊙	⊙	—	
4.2	转向架	构架	F_Z	F_Z			是	
4.3		轴箱定位装置	F_F	F_F			—	
4.3.2		转臂	Z_Z	F_Z			是	CW-200K、PW-220K、AM96
			Z_Z	F_F			是	其他
4.4		轮对轴箱装置	F_F	F_F	⊙	⊙	—	
4.5		中央悬挂装置	F_F	F_F			—	
4.5.2		弹簧托梁	F_Z	F_Z			是	
4.5.3		摇枕	F_Z	F_Z			是	
4.5.4		空气弹簧	F_Z	F_F	⊙	⊙		

续表

章节号	检修项目		检修要求		试验要求		是否原车原装	备注
	分类	检修配件名称	A2	A3	A2	A3		
4.6	转向架	钢弹簧	F_z	F_F		⊙	—	CW-200K、PW-220K、AM96、SW-220K
			F_F	F_F	⊙	⊙	—	其他
4.7		牵引装置	F_F	F_F			—	
4.8		油压减振器	F_Z	F_F	⊙	⊙	—	
4.9		基础制动装置	F_F	F_F			—	
4.9.1		制动梁	F_Z	F_Z	⊙	⊙	—	
4.9.2		闸瓦托、吊	F_Z	F_Z			—	
4.9.3		各杠杆、拉杆、拉板、拉板吊	F_Z	F_Z	⊙	⊙	—	
4.9.4		闸片托、吊	F_Z	F_Z			—	
4.9.5		盘形制动杠杆吊座及吊轴（横穿螺栓）	F_Z	F_Z			—	
5.1	制动、供风装置	手制动机	Z_Z	Z_Z	○	○	—	
5.2		制动、供风管系	Z_Z	Z_Z	○	○	—	
5.3		分配阀	F_F	F_F	⊙	⊙	—	
5.4		中间体	Z_Z	Z_Z	○	○	—	
5.5		风缸及吊带（座）	Z_Z	Z_Z	○	○	—	
5.6		模块吊架	Z_Z	Z_Z				
5.7		制动缸	Z_F	Z_F	○	○	—	
			F_Z	F_F	⊙	⊙		模板单元制动缸
5.7		制动缸	F_F	F_F	⊙	⊙		皮碗单元制动缸
5.8		J型自动间隙调整器	F_F	F_F	○	○	—	
5.9		杠杆	F_Z	F_Z	⊙	⊙		
6.1	设备	车窗	Z_Z	Z_Z	○	○	—	
6.2		侧门、风挡门	Z_Z	Z_Z	○	○	—	
6.2.1		折页门	Z_Z	Z_Z	○	○	—	
6.2.2		手动塞拉门	Z_Z	Z_Z	○	○	—	
6.2.3		电控气动塞拉门	Z_Z	Z_Z	○	○	—	

续表

章节号	检修项目		检修要求		试验要求		是否原车原装	备注
	分类	检修配件名称	A2	A3	A2	A3		
7.1	给水卫生系统	给水系统	Z_Z	Z_Z	○	○	—	
7.1.1		给水管系	Z_Z	Z_Z	○	○	—	
7.1.2		水箱	Z_Z	Z_Z	○	○	—	
7.2		燃煤茶炉	Z_Z	Z_Z	○	○	—	
7.3		采暖系统	Z_Z	Z_Z	○	○	—	
7.3.1		采暖管系	Z_Z	Z_Z	○	○	—	
7.3.2		温水锅炉及水箱	Z_Z	Z_Z	○	○	—	
7.3.3		水泵	Z_Z	Z_Z	○	○	—	
7.4		卫生系统	Z_Z	Z_Z	○	○	—	
7.4.1		排水、排便筒	Z_Z	Z_Z	○	○	—	
7.4.2		真空集便装置	Z_Z	Z_Z	○	○	—	
8.1	车电装置	配线及接线端子	Z_Z	Z_Z	○	○	—	
8.2		开关、插座、按钮	Z_Z	Z_Z	○	○	—	
8.3	车电装置	各型天线	Z_Z	Z_Z	○	○	—	
8.4		伴热装置	Z_Z	Z_Z	○	○	—	
8.5		附属装置	Z_Z	Z_Z	○	○	—	

注：符号说明

Z_Z：在原位置进行状态检修；

Z_F：在原位置进行分解检修；

F_Z：从上一级分解下来后状态检修；

F_F：从上一级分解下来后对本体分解检修；

⊙：单独部件试验；

○：现车试验。

巩固练习习题

1. 简述铁路客车段修的总体要求。
2. 简述铁路客车段修的周期。
3. 铁路客车段修如何建立检修档案，并简要说明记录的内容。

2 车 体

本节从钢结构、风挡、车端缓冲及阻尼装置、防火装置四个部分，对车体各部件的检修、焊接、更换要求进行了详细描述。

学习重点

钢结构检修的基本要求及钢结构各部位的检修要求，风挡及车端缓冲及阻尼装置各部位的检修标准和要求。

学习难点

钢结构检修的基本要求，裙板、翻板、折棚、踏板机构、风挡下部缓冲装置、车端阻尼装置的检修标准和要求。

学习基本方法与建议

直接学习法结合跟踪学习法，用理论学习加现场跟踪确认的方式对检修标准和要求熟知。

2.1 钢结构

2.1.1 基本要求

钢结构外露部分状态检查，清除锈垢，并按下列要求检修：

（1）涂层鼓泡、脱落时须清除并延伸到周边 10 mm 以上；底、体架及金属地板各结合处夹锈厚度超过 2 mm 须清除，各除锈表面须在除净锈垢后 4 h 内进行防腐处理。

（2）底、体架腐蚀超过 30%时，墙、顶、底板腐蚀穿孔时挖补或截换；变形严重时调修或截换。截换的补板其边线须与车辆纵向平行或垂直，补板四周满焊，焊缝严密平整。

（3）车下各吊梁、吊座、拉铆式车窗安装处的墙板（车窗分解时检查）腐蚀超过 30%或裂纹时焊修或更新；变形影响功能时调修或截换。

（4）雨檐焊接牢固，无开焊、脱焊，腐蚀超过 50%或破损时修补或截换。

（5）检查防爬盒及车下箱体回转折页及锁闭装置，不良时检修，回转折页给油润滑。防攀盒及车下各箱体、裙板安装牢固，无变形，配件齐全，各锁、锁扣、折页作用良好。

（6）扶手杆腐蚀或破损严重时更换，变形时调修或更新，扶手及座松动时紧固，扶手套管破损、老化者更换。

（7）车顶各检查盖板、防滑板等设施安装牢固；烟囱及帽、通风器及安装座、进排气口、各天线及座、空调安装座、车下废排风道腐蚀超过 50%或裂纹时焊修或更换，安装牢固，作用良好。

（8）脚蹬破损时修补或更换，围板腐蚀超过 50%时截换或更换。脚蹬全车形式一致。

（9）底、体架及底板管孔缝隙不大于 3 mm，超限时须封堵严密（排水工艺孔除外）。

（10）从板座磨耗、腐蚀大于 2 mm 时焊修；前后从板座距离为 625^{+2}_{-3} mm，超限时可在前从板座处焊装磨耗板。从板与牵引梁两侧面焊接的磨耗板之间的间隙之和不大于 20 mm，超限时焊修或更换。

（11）上旁承须保持光洁，安装牢固。清除表面毛刺、锈蚀及泥沙、金属屑等杂物（不得采用打砂或抛丸处理），变形、裂损时更新。25K（Z）型客车上旁承磨耗板须使用不锈钢材质，表面凹坑面积不大于 20%，平面度不大于 1 mm，打磨抛光处理时，粗糙度不大于 $R_a1.6$。

（12）心盘、从板座、车钩安装座、冲击座铆钉松动或锈蚀严重时更换，心盘裂纹时焊修或更换。

（13）上心盘直径磨耗超过 6 mm 或接触面异常磨损影响功能时检修或更换。

（14）空调机组排水管路畅通，排水导管安装牢固，焊接结构无裂缝、脱焊；U 形管卡齐全、固定牢靠，连接螺栓无松动。

2.1.2 底架各梁

底架各梁下垂及弯曲超过下列限度时调修：

（1）牵引梁下垂 30 mm。

（2）边梁水平弯曲 50 mm。

（3）底架中部下垂 50 mm。

2.1.3 裙板

（1）腐蚀超过 50%或局部穿孔时挖补，变形影响安装时调修。

（2）裙板、检查门折页腐蚀、磨耗影响功能时更换。

（3）裙板检查门安装后与下边梁间隙均匀，裙板检查门相对侧墙局部错位不大于 8 mm。

（4）裙板气动簧、安全链、支撑轮和锁状态检查，作用不良时修复或更新。

2.1.4 通过台

2.1.4.1 翻板

（1）清除各部锈垢，开裂时焊修，变形时调修，腐蚀超过 50%时修补或更换，截换应用相同材料。

（2）翻板锁状态检查、功能试验，配合面润滑，挡栓（销）注油（统型翻板锁状态检查，功能试验）；作用不良时分解检修。

（3）拉簧、转轴弹簧衰弱时调整或更新，折损时更新，检修后给油润滑；翻板（液压杆支撑形式除外）弹起角度 75° ~ 85°。翻板液压杆作用良好，翻板弹起须自动锁闭。

（4）防风胶条、压铁不良时更新，安装牢固。

（5）开闭器压杆弯曲、变形影响作用时调修，压板不得碰撞侧门，防转固定座安装牢固，作用良好。

（6）翻板轴座锈蚀严重须分解检修，转轴注润滑脂，翻板转轴与座之间的配合间隙尺寸不大于 2 mm，超限时分解检修；翻板座裂纹、破损时更新。翻板孔封堵不良时重新封堵；翻板检修后须涂防锈漆，不锈钢件除外；翻板检修后须组装牢固、配件齐全、作用良好。

（7）摆动链分解检查无裂纹、变形，腐蚀超过 50%时更换。

（8）翻板曲拐外观检查无裂纹、变形，安装牢固。曲拐安装座加强筋齐全，开裂时焊修。

2.1.4.2 渡板、扶手、安全链

（1）渡板腐蚀超过 50%时焊修或截换，变形时调修。

（2）扶手、安全链及座安装牢固。

2.2 风挡

风挡状态检查，须配件齐全，作用良好，紧固件无松动，作用不良时分解检修。

2.2.1 橡胶风挡

（1）胶囊安装牢固，裂损小于 200 mm 时修补，裂损大于 200 mm 或老化时更换，边缘局部缺损不影响功能时可继续使用。

（2）胶囊内外压板螺栓无松动、折损、丢失；胶囊安装螺栓松动时紧固。

（3）风挡渡板挡板变形时调修，挡板插座裂纹时焊修或更换；端面密封胶条无脱落，缺损时更新。

（4）渡板、顶板状态检查，不良时修复。渡板腐蚀破损时挖补或截换，材质和厚度与原型一致。

2.2.2 铁风挡

（1）腐蚀超过 30%时或裂纹时焊修，变形时调修。

（2）防风胶皮破损时更新。

（3）风挡端面摩擦板破损或磨耗剩余厚度小于 4 m 时更换，厚度差不大于 2 m。

（4）缓冲杆各磨耗部位涂润滑脂。

2.2.3 折棚风挡

2.2.3.1 折棚

（1）棚布撕裂、划伤、破损时须缝补或更新，缝补时须采用同种材质和颜色（或相近似似的棚布。

（2）连挂机构及定位装置作用良好。

（3）护脚布须处于正常位置，无破损、开裂，密封胶条作用良好。

（4）折棚框架不得有折断或明显折弯，检查连接框架的平整度，变形影响密封时调修。

（5）车外端部调节拉杆及拉簧无裂纹、折损，螺栓安装牢固，调整作用良好。

2.2.3.2 踏板机构

（1）板簧须处于正常位置，损坏时更换。

（2）托板安装牢固。

（3）渡板作用灵活，螺栓无松动。

（4）防滑条齐全完好，缺损时更新。

2.3 车端缓冲及阻尼装置

2.3.1 风挡下部缓冲装置

（1）方形缓冲杆弯曲变形大于 3 mm 时调修或更换，杆及座磨耗大于 4 mm 时焊修，焊修后表面打磨平整至原型尺寸；磨耗板厚度小于 3mm 时更换。

（2）圆形缓冲杆磨耗大于 3 mm 时焊修，变形大于 3 mm 时调修；缓冲杆座内套磨耗超过 50%、缓冲杆橡胶节点脱胶时更新；渡板圆销磨耗大于 2 mm 时更新。

（3）缓冲杆弹簧衰弱时调整或更换，折损时更换。缓冲杆尾部扁销或圆销状态不良时更新，开口销更新。

（4）缓冲杆各磨耗部位涂润滑脂。

（5）缓冲板端面摩擦板破损或磨耗剩余厚度小于 4 mm 时更换，厚度差不大于 2 mm；端面磨耗板铆钉松动或丢失时补铆钉。

（6）缓冲板上平面与渡板间隙不大于 7 mm，且无卡滞。

（7）缓冲杆橡胶节点脱胶、硫化橡胶开胶、脱壳、裂纹时更新。

2.3.2 风挡扁簧

风挡扁弹簧安装牢固，裂纹、折损时更换，错位时调整或更换。安装圆销（销栓）状态不良时更换。

2.3.3 车端阻尼装置

A2 修时现车检修，A3 修时整体下车分解检修。

（1）清除锈垢，安装梁状态良好、无裂纹。

（2）衬套厚度磨耗超过 50%时更新。

（3）缓冲圆弹簧折损、衰弱时更换。

（4）摩擦梁变形时调修，裂纹、腐蚀或磨损超过 30%时更换。磨擦板破损或磨耗剩余厚度小于 4 mm 时更新。

（5）缓冲杆弯曲大于 3 mm 时调修或更换，偏磨大于 3 mm 时焊修或更换，焊后需机加工至原型，焊修部位需打磨平整；缓冲杆外露部位涂润滑脂，A3 修时缓冲杆与支撑座衬套间涂润滑脂。

（6）A3 修时缓冲杆尾部扁销、连接圆销（安全钢丝绳处除外）更新。

（7）安全钢丝绳状态良好，安装牢固。

（8）各部安装牢固。

2.4 防火装置

（1）茶炉室、锅炉室铁地板腐蚀漏水时焊修或截换，焊缝开焊时补焊。

（2）各烟囱周围、餐车厨房间壁内的防火隔热材缺失或破损时补齐；墙板、顶板处的镀锌（不锈钢）包板无破损，接缝严密，与各管路间隙不大于 2 mm。

（3）厨房挡火板清除污垢，腐蚀、破损时修补或截换，与间壁间距不小于原车尺寸。

（4）垃圾箱、洗脸间门坎、锁口盒防火。

① 垃圾箱后须有 22 mm 厚的双贴面软木胶板与后部隔断，隔板须用角铝连接在两侧的间壁板上；垃圾箱投递口，投递口上须焊有不锈钢后罩。

② 门坎状态良好，无松动、缺损，不良时修复；修复时，检查防腐阻燃木骨架，不良时更换；防腐地板与玻璃钢洗脸间门坎质检及木骨架与玻璃钢洗脸间门坎之间缝隙处涂打防水密封胶。

③ 除侧门外的车内各门框的锁口处，在锁口板与门框之间，加装 0.5mm 厚的不锈钢板的锁口盒，新加锁口盒用锁 口板压装在门框上。

巩固练习习题

1. 简述铁路客车钢结构段修的基本要求。
2. 客车底架各梁段修的限度各是多少？
3. 简述风挡下部缓冲装置的检修标准。
4. 简述橡胶风挡的检修标准。
5. 简述防火装置的检修标准。

3 车钩缓冲装置

本节由 15 系列车钩缓冲装置、密接式车钩缓冲装置、15 号托梁式车钩、CA-3 型车钩缓冲装置、15 号（含 15X）钩缓装置各零部件检修限度表五部分组成，涉及 15 系列、密接式、CA-3 型车钩缓冲装置零部件、主要附属装置的组装和试验检修要求；同时对 15 号托梁式车钩的车钩、托梁及装配检修要求予以明确。

学习重点

掌握各型车钩缓冲装置钩舌、钩舌销、钩尾扁销、钩体及钩尾框、缓冲器及附属配件检修限度、组装流程、试验方法。重点是掌握 15 系列车钩检修基本条件，扩展其他型号车钩检修标准。

学习难点

钩缓装置零部件探伤标准；15 系列车钩缓冲装置钩舌、钩体及钩尾框、缓冲器、其他主要附属部分及组装和试验的检修要求；密接式车钩缓冲装置现车检修、分解检修要求；CA-3 型车钩缓冲装置车钩检修要求。

学习基本方法与建议

直接学习法结合比较学习法，在学习 15 系列车钩缓冲装置检修要求的同时，对比学习其他型号车钩的检修要求。

车钩缓冲装置下车分解检修，清除锈垢，可见部位外观检查良好，探伤部位须露出金属本色。密接式车钩缓冲装置 A2 修时现车检修，状态不良或 A3 修时分解检修。需探伤部件及要求如表 3-1 所示。

表 3-1 钩缓装置探伤零部件明细

序号	零部件名称	适用范围	标准	备注
1	钩舌	15 号系列车钩、托梁式车钩	15 号系列钩舌内侧 S 形曲面至锁铁接触面后端或钩舌销孔上、下部裂纹之和不大于 15 mm 时焊修，超限时报废	

续表

序号	零部件名称	适用范围	标准	备注
2	钩体		1. 钩颈横向裂纹不大于 15 mm、其余部分横裂纹不超过该处宽度的 1/5 时焊修，超限时报废； 2. 托梁式车钩法兰与钩身过渡处裂纹长度小于 40 mm 且未贯穿时焊修，超限时报废	1. 钩头与钩身连接线前后各 50 mm 以内探伤； 2. 托梁式过渡钩法兰与钩身过渡处 30 mm 范围内探伤
3	钩舌销		有横向裂纹时报废，允许存在长度不大于 20 mm 的发纹，数量不超过 5 条，超限时报废	螺纹部位不探伤
4	横穿螺栓	15 号系列车钩	裂纹时报废	螺纹部位不探伤
5	钩尾扁销	15 号系列车钩	有横向裂纹时报废，允许存在长度不大于 20 mm 的纵向发纹，数量不超过 5 条，超限时报废	
6	摆块吊	15 号系列车钩	有横向裂纹时报废，允许存在长度不大于 20 mm 的纵向发纹，数量不超过 5 条，超限时报废	
7	钩尾框	15 号系列车钩	钩尾框上下四个弯角处及销孔边缘须进行探伤检查，横裂纹在同一断面上宽度或深度不超过 1/2、弯角处裂纹不大于 10 mm 时焊修，超限时报废	
8	钩尾销	密接式车钩	允许存在深度不大于 2.5 mm 划痕（须打磨，圆滑过渡）或 5 条以内长度不大于 25 mm 的纵向发纹，超限时报废	分解检修时探伤

3.1　15 系列车钩缓冲装置

3.1.1　钩舌

（1）15 号和 15C 型钩舌内侧面磨耗剩余厚度小于 68mm 时焊修，并加工至原型。

（2）钩舌尾部和锁铁接触面磨耗大于 2.5 mm 时焊修。

（3）钩舌销孔衬套磨耗大于 3 mm 时更新。镶套后边缘允许有宽度不大于 2 mm 且深度不大于 5 mm 的间隙。衬套压装后不得有裂纹、缺损、松动现象，组装后衬套凸出基体表面不大于 1 mm，或凹入不大于 2 mm（有特殊要求者除外）；衬套基体孔磨耗、损伤严重者须加修孔，镶套后复探。

（4）钩舌销孔基体磨耗后可加修扩孔，直径大于 54 mm 时报废。

（5）钩舌冲击台、牵引台磨耗超过 1 mm 时焊修并探伤检查。

3.1.2　钩舌销、钩尾扁销

钩舌销磨耗大于 2 mm、螺纹不良影响紧固时报废，钩尾扁销磨耗大于 3 mm 时焊修或更新。钩舌销、钩尾扁销弯曲大于 5 mm 时报废，更新时采用 40Cr 或 40CrNiMoA 材质。

3.1.3 钩体及钩尾框

（1）钩体各零件有下列情形之一时报废：

① 钩尾端面距扁销孔剩余厚度小于 40 mm；

② 钩身弯曲大于 10 mm；

③ 钩腕外涨大于 20 mm。

（2）钩锁口垂向尺寸大于 83 mm 时焊修；车钩防跳挡尺寸大于 68 mm 焊修或更换。

（3）钩身各部磨耗大于 3 mm、钩尾扁销孔磨耗后长度大于 142 mm、钩尾扁销孔侧面磨耗深度大于 3 mm、钩尾端面距扁销孔剩余厚度小于 47 mm 时焊修。

（4）钩体的冲击台磨耗大于 1 mm 时焊修，并探伤检查。

（5）钩耳孔基体磨耗后可加修扩孔，直径大于 54 mm 时报废。

（6）钩耳孔衬套松动、裂损或磨耗大于 3 mm 时更新，衬套松动须焊修钩耳孔后再扩孔镶套；镶套后允许有宽度不大于 2 mm、深度不大于 5 mm 的间隙。

（7）钩尾框扁销孔长度磨耗大于 105 mm 或钩尾框扁销孔前圆弧面至尾部内端面尺寸大于 780 mm 时焊修。下列情况钩尾框报废：

① 探伤检查钩尾框（含新品）后端上、下弯角处 100 mm 内及扁销孔表面，有横裂纹；纵裂纹大于 50 mm 时。

② 框身横裂纹在同一断面上宽度或深度超过 1/2 时。

③ 弯角处裂纹超过 10 mm 时。

④ 钩尾框一侧弯曲大于 3 mm 时。

⑤ 铸造砂孔、缺损部位有扩展裂纹或不可知深度时。

⑥ 钩尾框无制造年代、制造单位标识时。

3.1.4 缓冲器

3.1.4.1 1 号及 G1 型缓冲器

（1）缓冲器分解检修，各零件无裂纹，圆簧、环簧裂纹或折损时更换。

（2）圆弹簧按表 3-2 规定载荷进行试验，载荷高符合表 3-2 要求。

表 3-2 缓冲器圆弹簧试验参数

名称	试验载荷/kN	载荷高/mm
外圈弹簧	64.7	≥165
内圈弹簧	8.8	≥165

（3）缓冲器盒磨耗不大于 2 mm 或尾部弯角处裂纹长度不大于 30 mm 时焊修，超限时更换。

（4）环簧组成自由高小于 299 mm 时更新，偏磨、接触面不平影响组装时更新。1 号缓冲器环簧更新时，须更新为 G1 型缓冲器环簧。

（5）缓冲器组装时各环簧间加润滑脂（参考值：每一套缓冲器涂抹润滑脂 1 kg），环簧组成自由高在 299～305 mm 的加 6 mm 铁垫板 1 块，组装后缓冲器自由高为 514^{+5}_{-3} mm。

3.1.4.2　KC15 弹性胶泥缓冲器

（1）KC15 弹性胶泥缓冲器外观检查，无裂纹、破损，自由高为 570^{+4}_{-2} mm。

（2）KC15 弹性胶泥缓冲器辅助定位装置 A3 修时分解检修，表面裂纹时更新，A2 修时外观检查，无裂纹，表面磨耗深度超过 2 mm 时焊修或更新。

（3）缓冲器内半筒相对外壳后端面伸出量大于 8 mm 或外观检查有弹性胶泥溢出时更换。

3.1.5　其他

（1）摆块及摆块吊磨耗大于 3 mm 时焊修后加工至原型尺寸，弯曲时调修，裂纹时更换。

（2）钩提杆变形时调修，腐蚀深度大于 5 mm 时报废。下锁销连杆、钩提杆吊环腐蚀深度超过 30%时更换。

（3）钩体托板及钩尾框托板裂纹时焊修或更换，腐蚀、磨耗大于 3 mm 时焊修，无法焊修时更换。

（4）前从板圆弧面磨耗量大于 2 mm 时报废，其余部位磨耗大于 3 mm 时焊修，后从板磨耗量大于 3 mm 时焊修。

（5）从板磨耗板剩余厚度小于 3 mm 时更换。

（6）防跳板变形时调修，开焊时焊修。

（7）冲击座与摆块吊接触处局部磨耗大于 3 mm 时焊修；冲击座固定铆钉松动或异常时更换。

（8）钩锁铁局部磨耗大于 2 mm 时焊修（全开作用面至导向角上部高度原形尺寸 20 mm、锁铁背至导向角前部厚度原形尺寸 100 mm）；钩舌推铁变形时调修或更新；下锁销变形时调修，磨耗大于 1 mm 时焊修。

（9）钩体和钩尾框磨耗板剩余厚度小于 3 mm 时更新。

（10）各圆销（不含钩舌销）裂纹或直径磨耗大于 1 mm 时更新。

3.1.6　组装和试验

（1）装配前，车钩、钩舌、钩尾框、钩尾扁销、下锁销、摆块、摆块吊、从板涂刷清漆；其余配件外露部分涂刷防锈底漆和面漆，面漆颜色与车体底架颜色一致；钩缓装置组装时各磨耗部位涂润滑脂。

（2）15X 型小间隙车钩，拉紧钩舌使钩舌尾部与钩锁铁压紧，测量如图 3-1 所示 *A*、*B*、*C* 三个尺寸，当 *B* 尺寸大于 86 mm 或 *C* 尺寸小于 76.5 mm 时，焊修钩舌 S 形曲面至原型尺寸。*A* 尺寸大于 120 mm 时，焊修钩舌圆柱面部分至原型尺寸（*A* 尺寸原型尺寸 114.7 mm）。

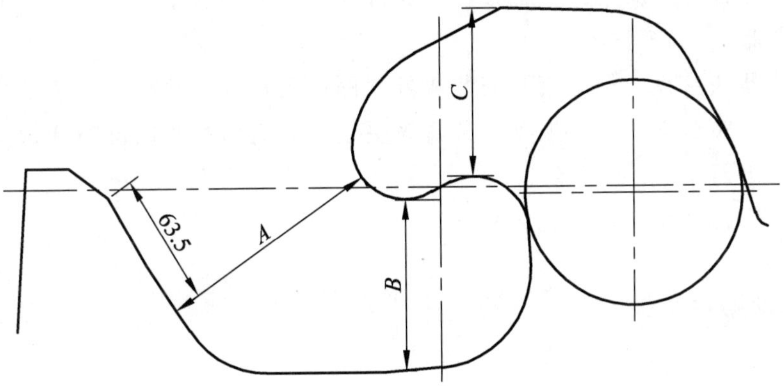

图 3-1　小间隙车钩

（3）15 号及 15C 型车钩钩舌与钩腕内侧面距离，闭锁位和全开位尺寸须分别不大于 130 mm、245 mm。

（4）钩锁铁导向角在钩腔内搭接量距钩口边缘距离不小于 5 mm。

（5）在闭锁位时，向上托起钩锁铁，移动量不大于 15 mm。

（6）钩尾扁销横穿螺栓（须为方头螺栓）及防松垫，紧固后用防松钢丝交叉捆牢，防松垫超出横穿螺栓安装座部分向车体外侧卷起。

（7）缓冲器装车时，须有大于 2 mm 的压缩量。

（8）钩尾框托板及摆块上须装 1 块厚度为 3 ~ 12 mm 的磨耗垫板。

（9）车钩托板、钩尾框托板螺栓采用双螺母结构，与牵引梁上部结合面须采用楔形垫调平。

（10）车钩托板与摆块挂钩底面间隙为 4 ~ 18 mm，车钩托板安装处焊接牵引梁下盖板结构者,车钩托板与摆块挂钩搭接量不小于 10 mm，且不得发生卡滞。

（11）车钩组装后，三态及防跳作用须良好。

3.2 密接式车钩缓冲装置

3.2.1 现车检修要求

清除各部件表面污垢和钩舌回转槽、钩舌油垢，各零部件可见部位状态良好。

（1）缓冲器内半筒脱出大于 8 mm 时更换。

（2）支撑弹簧盒盖高度不小于 104 mm,超限时可在弹簧盒盖顶面加焊厚度 4 ~ 6 mm 的圆形磨耗板或更换，螺栓螺纹孔不良时可改用螺栓螺母结构（改进结构的支撑弹簧盒除外）。

（3）缓冲器拉杆及对中弹簧桶推杆外露部位，钩舌回转槽内壁、钩舌上下面、钩头凹凸锥涂润滑脂。

（4）缓冲器法兰盘、钩尾销和安装座处紧固件无松动，垫圈和开口销状态良好。

（5）支撑弹簧盒紧固件无松动，分解时更新。装有磨耗板的支撑弹簧盒耐磨树脂磨耗板剩余厚度不足 1 mm 时更新。

（6）解钩风缸动作、复位试验良好。

3.2.2 分解检修要求

3.2.2.1 连挂系统

（1）清除钩舌回转槽和钩舌油垢，钩舌外表面有裂纹或其他异常时更换，外圆表面磨耗深度不大于 1 mm，局部不大于 3 mm，超限时更换。

（2）连挂系统橡胶件更新。分解解钩风缸，缸体裂纹或内壁、活塞有明显损伤时更换。解钩风缸弹簧自由高小于 235 mm 或腐蚀深度大于 0.5 mm 时更换。解钩手柄弯曲变形时调修。缸体内腔、弹簧和紧固件涂抹润滑脂。圆销状态良好，开口销更新。检修后进行动作试验，复位灵活。

（3）组装前在钩舌回转槽内壁、钩舌上下面涂干性润滑剂或润滑脂。

3.2.2.2 回转机构

（1）钩尾销销套表面有深度大于 2 mm 的局部擦痕、变形时更换，转动面、配合面涂润滑脂（轴承除外）。

（2）关节轴承固体润滑材料和钢基体结合良好，破碎、脱落或局部磨穿时更新。

（3）支撑弹簧盒盖高度不小于 104 mm，超限时可在弹簧盒盖顶面加焊厚度 4 ~ 6 mm 的圆形磨耗板，防松螺钉螺纹孔可移位重钻。支撑弹簧盒组成自由高度不小于 169 mm。

（4）支架变形量大于 7 mm 时调修，变形量大于 15 mm 或裂纹时更换，如图 3-2 所示。

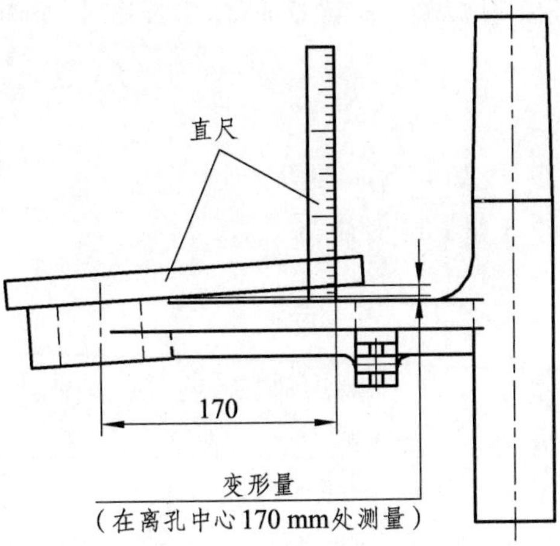

图 3-2　支架变形量测量方法示意图

（5）支撑弹簧盒紧固件无松动，分解时更新。装有磨耗板的支撑弹簧盒耐磨树脂磨耗板剩余厚度不足 1 mm 时更新。

3.2.2.3　缓冲器

（1）内半筒脱出不大于 8 mm 时可不分解，超限时更换缓冲器芯体。

（2）拉杆磨耗、拉伤、腐蚀影响使用时更换。

3.2.2.4　组装试验

（1）油漆脱落处补涂，各磨耗部位涂抹润滑脂。

（2）组装完毕后，拉动解钩手柄至全开位释放，反复 3 次，每次释放解钩手柄后，钩舌都能灵活复原至连挂，解钩手柄、钩舌和解钩风缸动作灵活、无卡滞。

（3）车钩缓冲装置装车后，推动车钩，左右摆动灵活，去除外力后可自动复位。回转机构组装完成后，钩缓装置在水平和垂直面内转动灵活。

3.3　15 号托梁式车钩

15 号托梁式车钩每 2.5 年检修一次（首尾车装用的车钩随车检修），检修后须涂打检修标记，包含检修年月和检修单位。

3.3.1　车钩

（1）钩头部分（含钩颈处）检修要求同 15 号车钩。

（2）法兰变形影响组装或裂纹时报废。

3.3.2　托梁

（1）清除锈垢。

（2）纵向裂纹、焊缝裂纹时焊修。横梁横向裂纹长度小于 30 mm 时焊修，大于 30 mm 时报废。

（3）托梁弯曲时调修。

（4）尼龙磨耗板厚度小于 20 mm 时更新。

（5）钢制磨耗板厚度小于 3 mm 时更新。

3.3.3 装配

（1）装配前，车钩、钩舌、下锁销涂刷清漆；其余配件外露部分涂刷防锈底漆和面漆（尼龙垫板和配合面除外），面漆颜色与底架颜色一致；钩缓装置组装时各磨耗部位涂润滑脂。

（2）组装完成后，钩体与托架连接可靠，托架下方的尼龙磨耗板与托梁上钢制磨耗板须接触良好。

3.4 CA-3 型车钩缓冲装置

3.4.1 车钩

（1）钩体探伤部位如图 3-3 所示。钩肩与钩身连接线处横向裂纹长度大于 15 mm、纵向裂纹长度大于 30 mm、*A* 向所指区域竖向裂纹大于 40 mm 时报废；裂纹不超限时焊修。

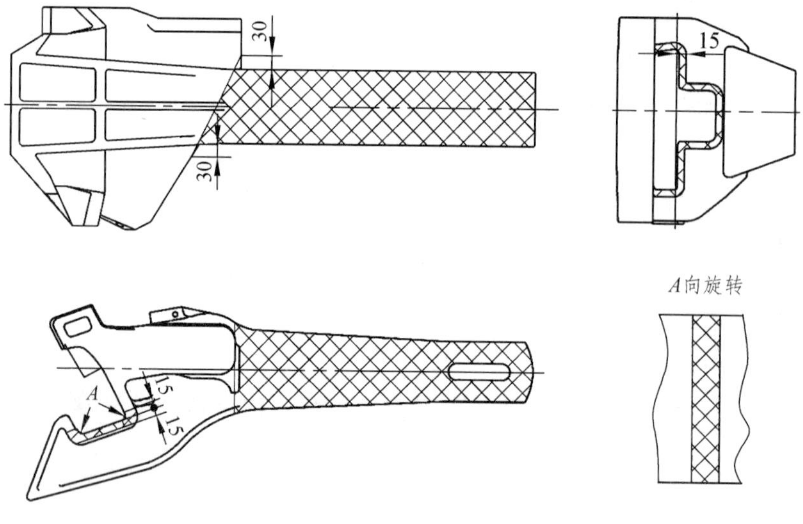

图 3-3 钩体探伤部位

（2）钩身部分检修要求同 15 号车钩。

（3）连挂面外轮廓各线性尺寸磨耗限度为 5 mm，超限时焊修，如图 3-4（a）所示。磨耗大于 8 mm 时钩体报废。车钩连接轮廓线如图 3-4（b）所示。

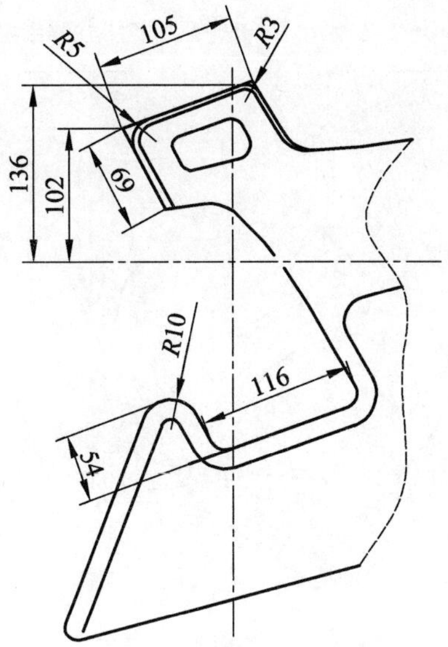

（a）钩头尺寸及磨耗检查部位

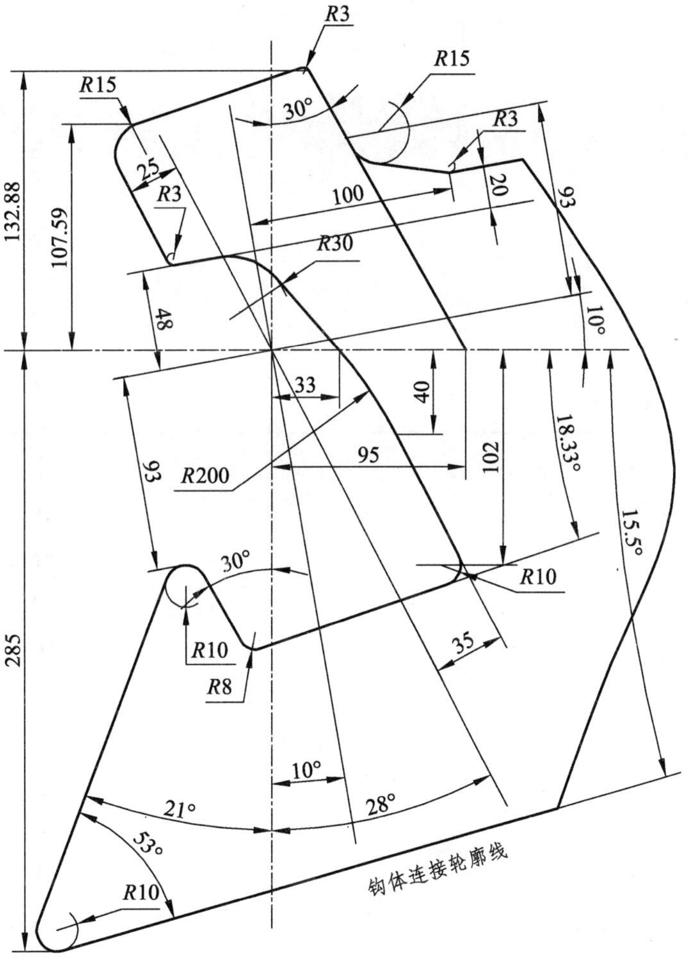

（b）车钩连接轮廓

图 3-4　车钩头部尺寸及连接轮廓

（4）钩锁前端有效厚度小于 45 mm 时焊修，如图 3-5 右侧箭头所指部位。

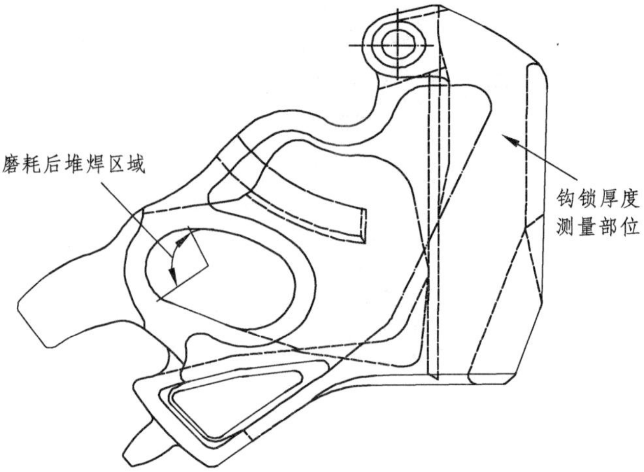

图 3-5 钩锁检查部位

（5）车钩组装。

① 配合处涂润滑脂。

② 转动锁提销至开钩位，松开后锁提销能自动回位，如图 3-6 箭头所示旋转方向。

③ 尺寸 *A* 和 *B*（见图 3-6）须符合表 3-3 要求。

表 3-3 尺寸 *A*、*B* 要求

车钩状态	*A*/mm		*B*/mm	
	原型	段修	原型	段修
开锁位	2 ~ 8	0.5 ~ 10	≥21	≥18
闭锁位	9 ~ 16	5 ~ 19	—	—

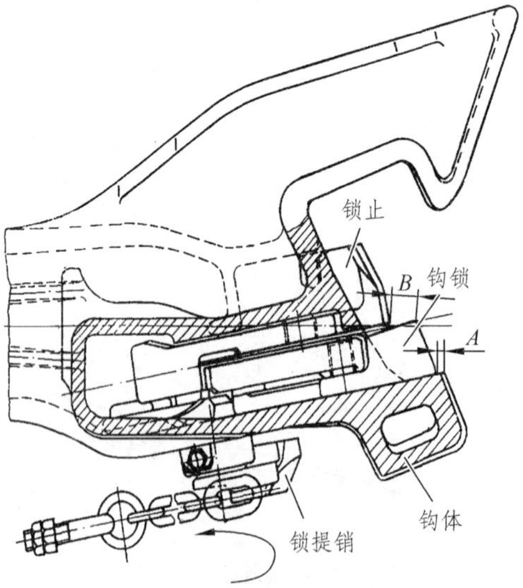

图 3-6 车钩检查部位

④ 闭锁位 *A* 尺寸小于下限时磨修锁爪，如图 3-7 所示；闭锁位 *A* 尺寸大于上限时对锁爪堆焊。

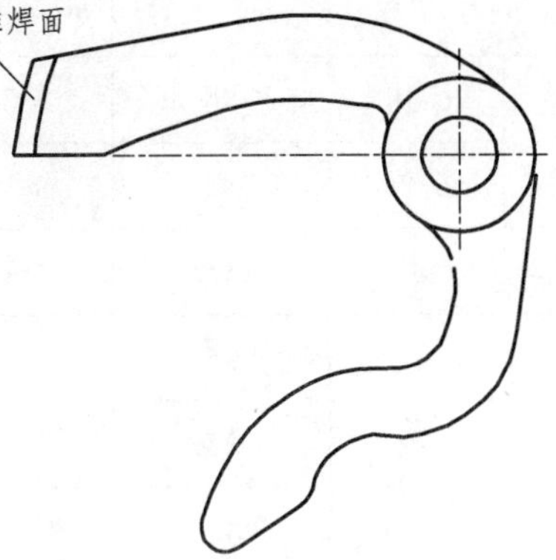

图 3-7　锁爪修理部位

⑤ *B* 尺寸超限时堆焊锁止，如图 3-8 所示。

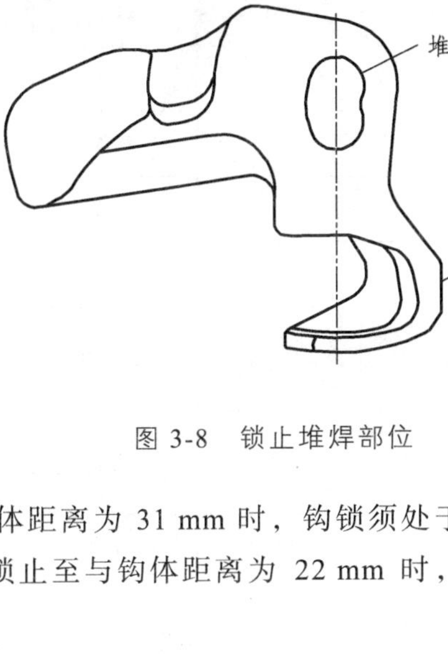

图 3-8　锁止堆焊部位

⑥ 推动锁止至与钩体距离为 31 mm 时，钩锁须处于自由状态，否则按图 3-8 实施堆焊或更新锁止；推动锁止至与钩体距离为 22 mm 时，钩锁须处于锁闭状态，否则更新锁爪。

3.4.2　其他零部件

检修要求同 15 号车钩缓冲装置。

3.5　15 号（含 15X）钩缓装置各零部件检修限度

15 号（含 15X）钩缓装置各零部件检修限度见表 3-4。

表 3-4　15 号（含 15X）钩缓装置各零部件检修限度

<table>
<tr><th>序号</th><th colspan="3">名称</th><th>原型/mm</th><th>限度/mm</th><th>备注</th></tr>
<tr><td rowspan="3">1</td><td rowspan="3">钩舌内侧磨耗剩余量</td><td colspan="2">15（C）号车钩</td><td></td><td>≥68</td><td>距上下面 10mm 处测量</td></tr>
<tr><td rowspan="2">15X 车钩</td><td>C 值</td><td>80</td><td>≥76.5</td><td></td></tr>
<tr><td>B 值</td><td>82</td><td>≤86</td><td></td></tr>
<tr><td>2</td><td colspan="3">钩舌冲击台磨耗</td><td>35</td><td>≤1</td><td></td></tr>
<tr><td>3</td><td colspan="3">钩舌牵引台磨耗</td><td>95</td><td>≤1</td><td></td></tr>
<tr><td>4</td><td colspan="3">钩体冲击台磨耗</td><td>35</td><td>≤1</td><td></td></tr>
<tr><td>5</td><td colspan="3">钩舌销孔套、钩耳孔套直径磨耗</td><td>42</td><td>≤3</td><td></td></tr>
<tr><td>6</td><td colspan="3">钩锁销防跳作用部分磨耗</td><td></td><td>≤1</td><td></td></tr>
<tr><td>7</td><td colspan="3">钩身磨耗</td><td></td><td>≤3</td><td></td></tr>
<tr><td>8</td><td colspan="3">钩尾扁销磨耗</td><td></td><td>≤3</td><td></td></tr>
<tr><td>9</td><td colspan="3">钩尾扁销横穿螺栓直径磨耗</td><td>20</td><td>≤1</td><td>超限时更新</td></tr>
<tr><td rowspan="2">10</td><td rowspan="2">钩尾框磨耗</td><td colspan="2">框身厚度</td><td></td><td>≤3</td><td rowspan="2"></td></tr>
<tr><td colspan="2">其他</td><td></td><td>≤4</td></tr>
<tr><td>11</td><td colspan="3">从板磨耗</td><td></td><td>≤3</td><td></td></tr>
<tr><td>12</td><td colspan="3">钩身弯曲</td><td></td><td>≤10</td><td></td></tr>
<tr><td rowspan="3">13</td><td rowspan="3">钩舌与钩腕内侧面距离</td><td colspan="2">15（C）号钩闭锁位置</td><td></td><td>≤130</td><td rowspan="3"></td></tr>
<tr><td colspan="2">15（C）号钩全开位置</td><td></td><td>≤245</td></tr>
<tr><td colspan="2">15X 钩闭锁位置</td><td>114.7</td><td>≤120</td></tr>
<tr><td>14</td><td colspan="3">钩舌销直径磨耗</td><td>41</td><td>≤2</td><td>超限时更新</td></tr>
<tr><td>15</td><td colspan="3">钩舌与上钩耳间隙</td><td>2</td><td>≤6</td><td>可在钩舌下部加垫圈调整</td></tr>
<tr><td>16</td><td colspan="3">从板与牵引梁两侧面间隙之和</td><td></td><td>≤20</td><td></td></tr>
<tr><td>17</td><td colspan="3">摆块及摆块吊磨耗</td><td></td><td>≤3</td><td>摆块吊按每端测量，焊修加工后最小为 245 mm，每对摆块吊有效长度相差≤2 mm</td></tr>
<tr><td>18</td><td colspan="3">前后从板座距离</td><td></td><td>625^{+2}_{-3}</td><td>超限时在前从板座处加装磨耗板</td></tr>
</table>

巩固练习习题

1. 简述车钩缓冲装置段修的基本要求。
2. 15 号车钩钩舌各部分检修的基本限度各是多少？分别加以说明。
3. 简述密接式车钩缓冲装置现车检修的基本要求及注意事项。
4. 简述 CA-3 型车钩缓冲装置检修的探伤的主要部位及要求。
5. 简述车钩缓冲装置主要附属部分检修的基本要求。

4 转向架

本节主要介绍了转向架检修的基本要求，转向架主要部件构架、轴箱定位装置、中央悬挂装置、钢弹簧、牵引装置、油压减振器、基础制动装置及其附属零部件的定位尺寸、焊修、更换等标准，同时对各型转向架组装要求进行了明确。

学习重点

转向架检修的基本要求，主要部件及附属零部件焊修、调修、更换的参数标准，各型转向架组装要求。

学习难点

掌握转向架主要部件及附属零部件焊修、调修、更换的参数标准，熟知各型转向架组装要求。

学习基本方法与建议

直接学习法结合比较学习法，在学习转向架检修及组装的基本要求的同时，对比学习各型转向架主要部件及附属零部件焊修、调修、更换的参数差异。

4.1 基本要求

转向架导柱、摇枕挡、牵引拉杆安装座、摇枕中心销套、抗蛇行油压减振器安装座和高度调整杆安装座状态良好者可不分解，其他配件均须分解检修。检修时须符合以下要求：

（1）清除转向架各部件表面锈垢。除锈时不得损伤本体、螺纹和精装配面。

（2）与车体连接的牵引拉杆座、抗侧滚扭杆座和抗蛇行减振器座弯曲、变形时调修，裂损时焊修、补强或更换，腐蚀深度超过30%时更换，构架上组焊件原焊缝裂纹时焊修并探伤检查。

（3）转向架各零部件焊修须符合《机车车辆修理焊接技术条件》（Q/CR 167），焊修人员须具备《焊工资格考试—熔焊 第1部分:钢》（ISO 9606-1：2012）的资质。

（4）各螺纹连接配件螺纹须良好，构架上螺纹损坏时堵焊后加修或用钢丝螺套修复（轴端螺栓孔除外），钢丝螺套的基孔螺纹大径到母材边缘最小距离须大于10 mm。原钢丝螺套损坏时更新。

（5）衬套（销孔）内孔直径磨耗量大于 1 mm 时更新。

（6）转向架上各风管漏泄或裂损更换时采用不锈钢管。

（7）钢丝绳状态良好，钢丝绳胶套脱落、破损时更新。

（8）构架、弹簧托梁、摇枕须原车原套原位组装。

（9）金属配件组装结合面（磨耗面除外），在组装前均须涂刷防锈漆。

（10）圆、扁开口销须更新，防松止铁、防松铁丝状态不良或分解时须更新。

（11）AM96、CW-200K、PW-220K、SW-220K 型转向架定位转臂 A2 修时状态检修，A3 修时分解检修。

（12）中心牵引体橡胶节点、中心销橡胶套、定位转臂节点、导柱弹性定位套、209HS 橡胶堆定位器、CW-2（1）横向控制杆橡胶定位节点有下列情况之一时须更新，定位转臂节点更新时，同一轮对须同时更新。

① 橡胶与金属件结合面之间开裂长度超过 1/4 圆周且深度大于 5 mm；

② 橡胶表面周向裂纹长度超过 1/4 圆周且深度大于 5 mm；

③ 橡胶表面周向贯通裂纹且深度大于 3 mm；

④ A3 修时更新（中心销橡胶套、AM96 型转向架定位转臂节点、CW-200K 型转向架定位转臂节点、PW-220K 型转向架定位转臂节点除外）。

（13）纵向、横向缓冲器（横向挡）和钢弹簧橡胶缓冲垫老化、严重变形、裂损时更新。

（14）采用压装方式的各节点须为过盈配合，压装后须紧固无松动。

（15）须探伤部件及要求见表 4-1。

表 4-1 转向架探伤零部件明细

序号	零部件名称	适用范围	标准	备注
1	杠杆吊座	盘形制动装置	铸造缺陷和焊缝裂纹时焊修，其余裂纹时报废	
2	杠杆吊座吊轴及各圆销（不含锁铁圆销、单元制动缸吊耳圆销）	盘形制动装置	裂纹时报废	
3	闸片托吊	盘形制动装置	裂纹时报废	
4	踏面清扫器吊及吊销	盘形制动装置	裂纹时报废	
5	闸瓦托吊及销	踏面制动装置	裂纹时报废	206、207、211 系列制动梁不退套时可不探伤
6	制动梁端轴	踏面制动装置	裂纹时报废	

续表

序号	零部件名称	适用范围	标准	备注
7	摇枕吊（环）	206G、206P、209P、209T、209PK、209HS	裂纹时报废	
8	摇枕吊销			
9	摇枕吊轴			
10	横向控制杆及定位销	CW-2（1）	焊缝裂纹时焊修，基体裂纹时报废	螺纹不探伤
11	构架上横向控制杆定位销			
12	横向拉杆（心轴）	206G、206P、207G、CW-2（1）	裂纹时报废	内孔不探伤
13	抗侧滚扭杆（扭杆、扭臂、连杆）、抗侧滚扭杆吊销螺栓	209PK、CW-2、CW-200（K）、PW-220K、PW-200（K）、AM96、209HS	裂纹时报废	PW-220K 型连杆除外
14	摇枕吊杆螺栓	CW-2（1）	裂纹时报废	含螺纹部分
15	中心牵引拉杆	CW-200（K）、SW-220K、PW-220K、AM96	SW-220K 裂纹，CW-200（K）、PW-220K 横向裂纹时报废；CW-200（K）、PW-220K 的纵向裂纹深度不大于 2 mm 时打磨消除，超限时报废	PW-220K 型 A3 修探伤
16	纵向牵引拉杆	206G、206P、209P、209T、209PK、209HS、CW-2（1）、SW-160（H）	裂纹时报废	螺纹部位不探伤
17	轴驱发电机吊销	所有装用该零件的转向架	裂纹时报废	
18	转臂节点转轴、转轴套	CW-200K、AM96、PW-220K、SW-160（H）	裂纹时报废	
19	油压减振器安装座安装螺栓	209HS	裂纹时报废	螺纹部位不探伤
20	安全吊座	209P、209T、209PK、209HS	裂纹时报废	
21	弹簧托梁耳孔处	211 系列、206 系列	裂纹时报废	内孔除外

4.2 构架

（1）构架裂纹时焊修或更换。构架裂纹不超过截面周长 30%时焊修，超过时报废，焊后补强，焊修时须采用与构架钢材配套的焊条。25B、G 型客车构架横裂纹超过 150 mm 时加补强板，焊后须消除内应力。

（2）构架腐蚀深度不超过 20%时可不焊修，腐蚀深度不超过 30%或任意 100 mm×100 mm 范围内腐蚀深度超过 30%但面积之和不大于 25 cm^2 时焊修、补强，超限时更换。

（3）构架上各种吊座、补强板弯曲变形时调修，裂纹时焊修或更换，腐蚀超过 30%时更换；构架上组焊件原焊缝裂纹时须焊修，焊接式构架焊修后须对焊缝探伤检查。209 系列转向架安全吊座螺栓孔边未倒圆角的，打磨倒圆角 $R1 \sim R2$。

（4）定位转臂座裂纹时焊修，变形时更换。AM96 型转向架定位转臂座裂纹时更换。

（5）车辆脱轨、颠覆或构架主体结构焊修时，须测量构架定位尺寸，应符合下述要求：

① CW-2（1）型转向架构架定位尺寸（见图 4-1）须满足表 4-2 要求。

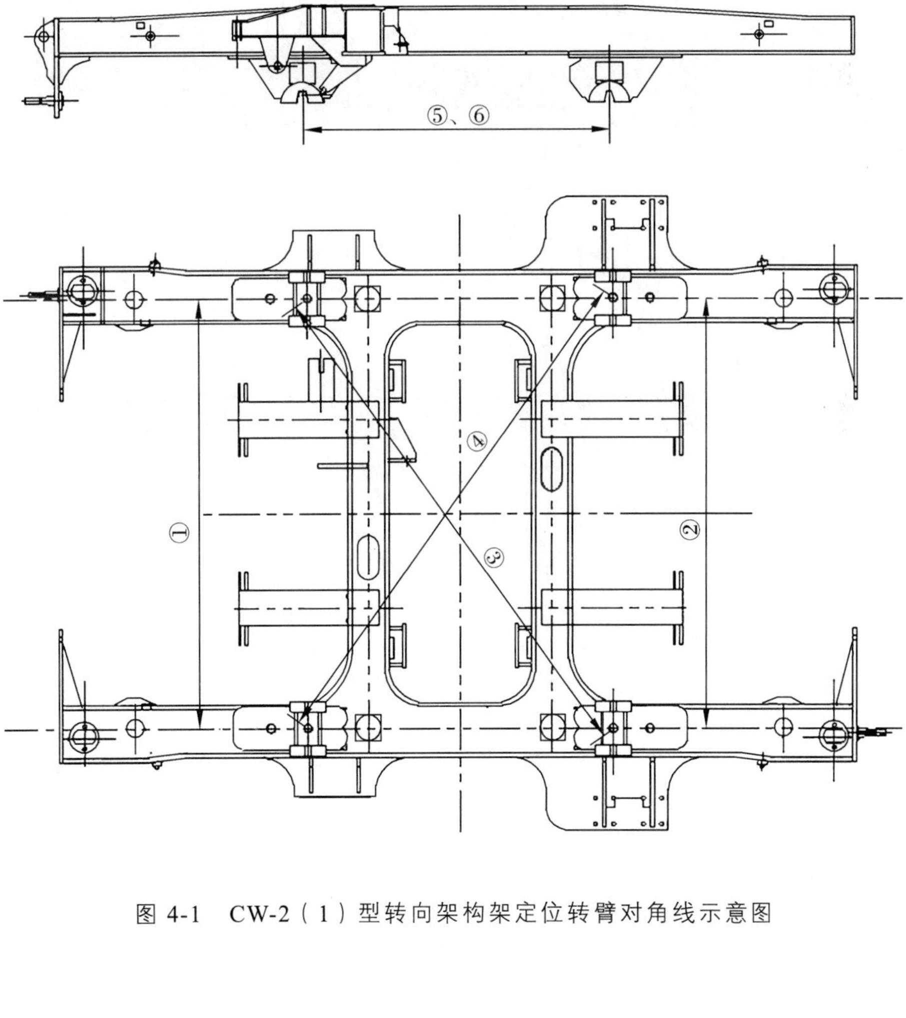

图 4-1　CW-2（1）型转向架构架定位转臂对角线示意图

表 4-2　CW-2（1）型转向架构架定位尺寸

序号	检测部位	定位尺寸/mm	尺寸要求/mm
1	定位座中心横向间距[①，②]	1956±1	1956±1
2	定位座中心对角线[③，④]	—	尺寸之差：｜③−④｜<3
3	定位座中心纵向间距[⑤，⑥]	—	1432±1

② SW-160（H）型转向架构架定位尺寸（见图 4-2）须满足表 4-3 要求。

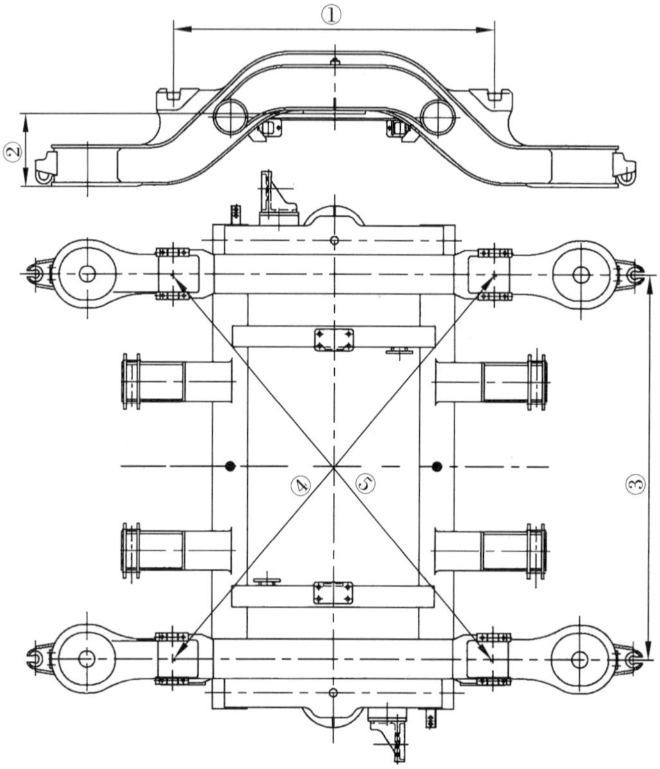

图 4-2　SW-160（H）型转向架构架定位尺寸示意图

表 4-3　SW-160（H）型转向架构架定位尺寸

序号	检测部位	尺寸要求/mm
1	①定位臂中心纵向距离	1660±1
2	②空气弹簧支撑面与弹簧座顶面距离	四角高差≤2
3	③定位臂中心横向距离	1956±1
4	④、⑤定位臂中心对角线距离	｜④−⑤｜≤3

③ CW-200（K）型转向架构架定位尺寸（见图 4-3）须满足表 4-4 要求。

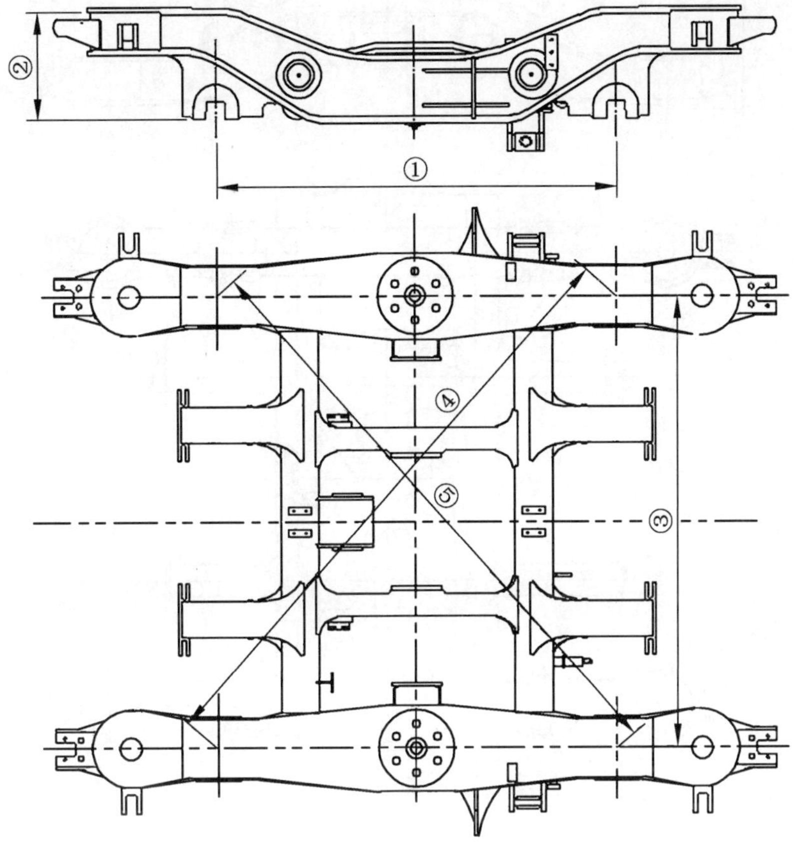

图 4-3　CW-200（K）型转向架构架定位尺寸示意图

表 4-4　CW-200（K）型转向架构架定位尺寸

序号	检测部位	尺寸要求/mm
1	①定位座中心纵向距离	1740±1
2	②定位座底面与弹簧座顶面距离	四角高差≤2
3	③定位座中心横向距离	2000±1
4	④、⑤定位座中心对角线距离	|④－⑤|≤3

④ SW-220K 型转向架构架定位尺寸（见图 4-4）须满足表 4-5 要求。

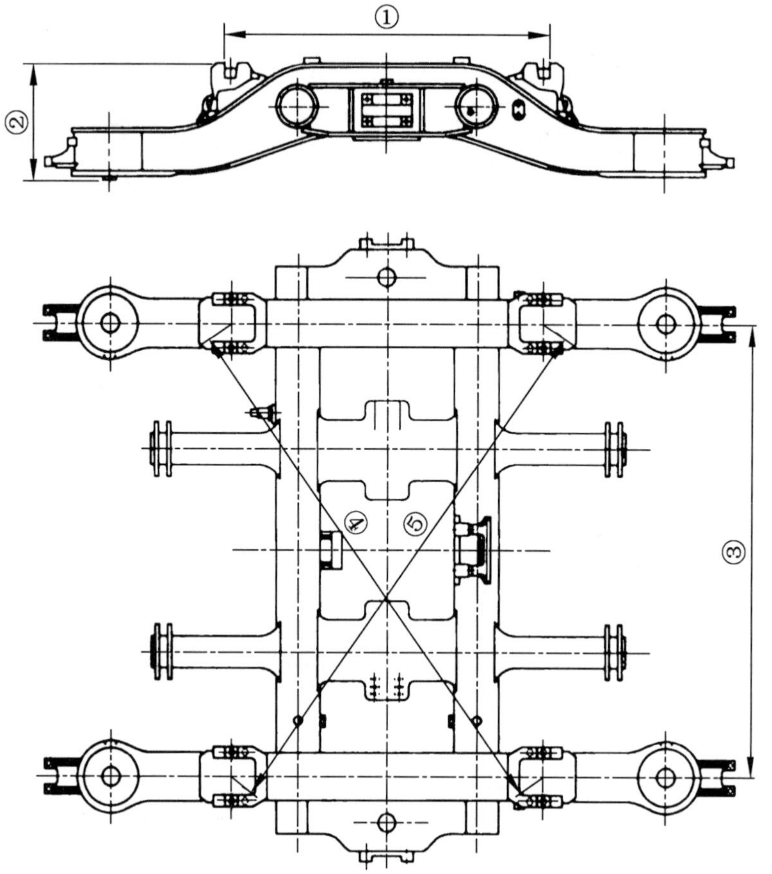

图 4-4　SW-220K 型转向架构架定位尺寸示意图

表 4-5　SW-220K 型转向架构架定位尺寸

序号	检测部位	尺寸要求/mm
1	①定位臂基准面纵向距离	1455±1
2	②定位臂底面与弹簧座顶面测量基准距离	四角高差≤2
3	③定位臂中心横向距离	2000±1
4	④、⑤定位臂中心对角线距离	|④－⑤|≤3

⑤ AM96、PW-220K 型转向架构架四角水平高度差不大于 1 mm，对角线尺寸之差小于 1 mm，如图 4-5、4-6 所示。

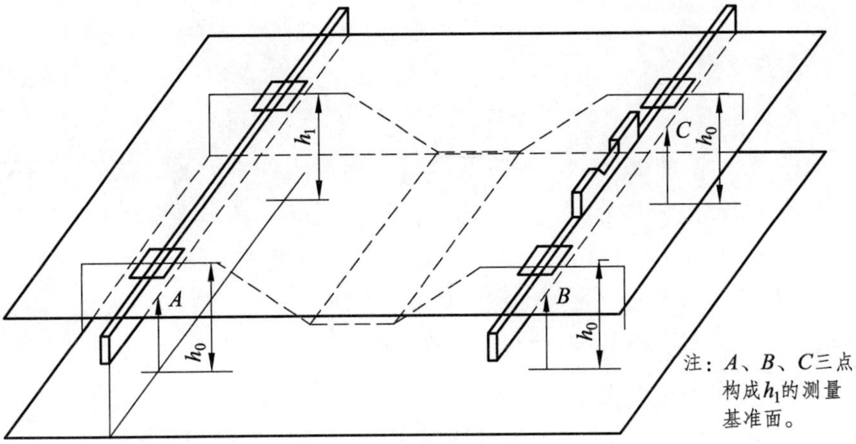

图 4-5　AM96、PW-220K 型转向架构架四角水平高示意图

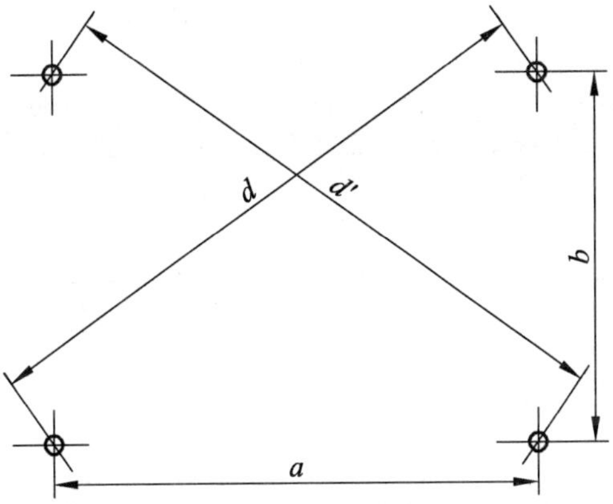

图 4-6　AM96、PW-220K 型转向架构架定位转臂对角线示意图

（6）构架附加空气室须清除杂质和水，漏泄时焊修。

（7）CW-2 型构架上横向控制杆定位销裂纹、螺纹失效、紧固不良时更换，定位销开口销孔磨耗量大于 2 mm 时须焊修或更换。

（8）构架上电机吊架须无裂纹、变形；电机吊销、杠杆固定销轴磨耗大于 1 mm 时更新；电机安全吊腐蚀深度超过 20%、裂纹或螺纹不良时更换；调整丝杠、手轮、锁母、杠杆状态不良时更换；调整弹簧折损、裂损时更换；电机支座磨耗大于 2 mm 时焊修或更换。

（9）构架与摇枕纵、横向挡间隙可使用调整垫板调整，焊缝开焊时焊修，磨耗板厚度小于 2 mm 时，更换磨耗板。

（10）207G 型转向架横向油压减振器座裂纹时焊修或更换。

（11）构架上单元制动缸限位螺栓无松动，折损、失效时更新。

4.3 轴箱定位装置

4.3.1 导柱及附件

（1）导柱。

① 导柱有裂纹时焊修或更换，弯曲变形或表面严重腐蚀时更换。导柱扁销孔长度或宽度方向磨耗大于 2 mm 时焊修(长 40.5 mm × 宽 13.5 mm)。导柱扁销磨耗、腐蚀大于 3 mm 时更换（原型尺寸 38 mm × 10 mm）。211 型转向架导柱裂纹，腐蚀超过 2 mm，圆柱面磨耗超过 1 mm 时焊修，螺纹变形或磨耗影响作用时焊修。

② 弹性定位套挡盖螺栓紧固良好并加装防松铁丝。

③ 导柱上摩擦套磨耗大于 1 mm 或松脱、裂损时更新；导柱摩擦套更换时，不得损伤导柱基体。206G、207G 型转向架导柱摩擦套安装后须加防脱钢丝。

④ 206G（P）、209T（P）、209PK 型转向架导柱定位尺寸（见图 4-7）须符合表 4-6 要求。

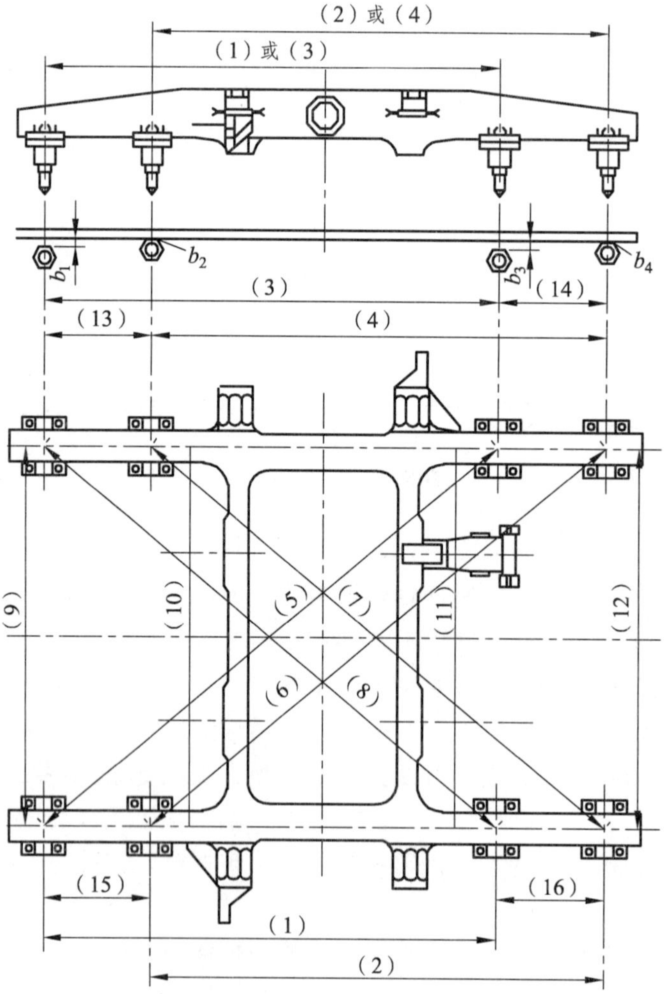

图 4-7 206G（P）、209T（P）、209PK 型转向架导柱定位尺寸测量点示意图

表 4-6　206G（P）、209T（P）、209PK 型转向架导柱定位尺寸要求

测量部位	定位尺寸/mm
（1）（2）（3）（4）	2400±3
（5）（6）（7）（8）	尺寸之差不大于 5（脱轨或颠覆时测量）
（9）（10）（11）（12）	1956±1
（13）（14）（15）（16）	580±2
b_1，b_2，b_3，b_4	间隙不大于 2
$\frac{(1)+(2)}{2}$ 与 $\frac{(3)+(4)}{2}$	尺寸之差不大于 2

⑤ 209HS 型转向架导柱定位尺寸（见图 4-8）须符合表 4-7 要求。

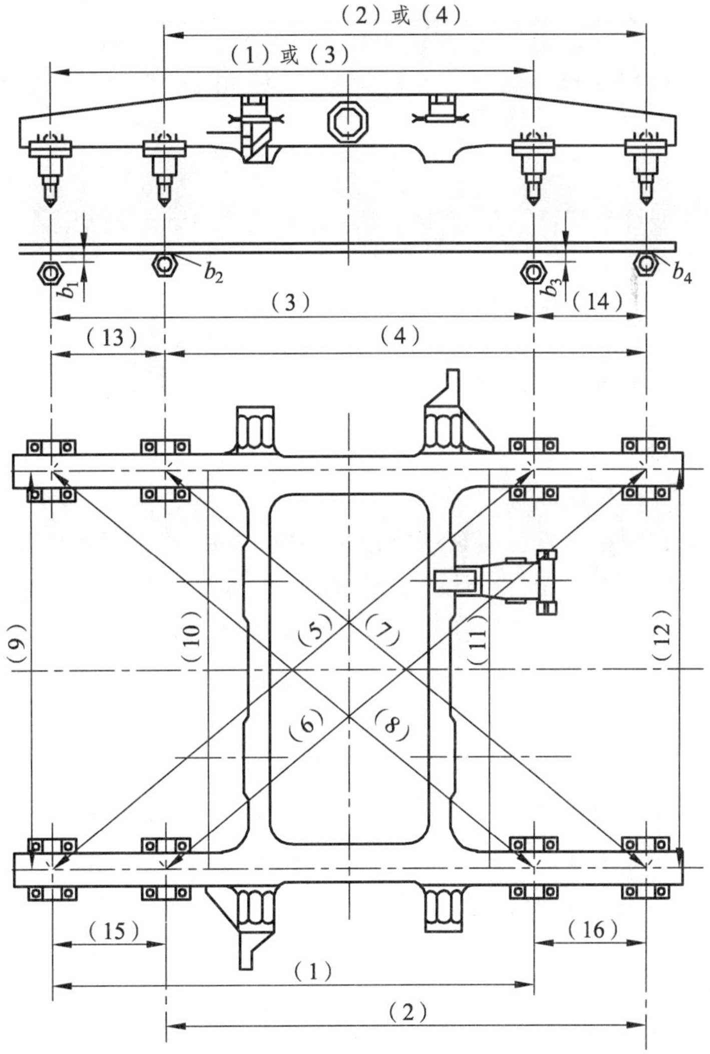

图 4-8　209HS 型转向架导柱定位尺寸测量点示意图

表 4-7　209HS 型转向架导柱定位尺寸要求

测量部位	定位尺寸/mm
(1)(2)(3)(4)	2400±1
(5)(6)(7)(8)	尺寸之差不大于 3（脱轨或颠覆时测量）
(9)(10)(11)(12)	209HS 型转向架 1956±1
(13)(14)(15)(16)	580±1
b_1，b_2，b_3，b_4	间隙不大于 1
$\frac{(1)+(2)}{2}$ 与 $\frac{(3)+(4)}{2}$	尺寸之差不大于 1

（2）支持环裂纹时焊修，腐蚀、磨耗深度超过 50%时更换，焊后组装面须消除下凸棱。

（3）定位座体裂纹时焊修，定位座摩擦套磨耗大于 1 mm 时更新，定位座内径磨耗 1mm、缺损时报废。

（4）定位座、支持环绝缘橡胶层破损时更新。

4.3.2　转臂、轴箱节点装置

（1）转臂定位轴及套偏磨、裂纹时成套更新；CW-200(K)、PW-220K、SW-160(H) 转轴及转轴套湿法磁粉探伤。

（2）定位转臂和轴箱夹紧箍（轴箱压盖）、SW-220K 转向架转臂节点夹紧箍须原套检修，除锈时不得损伤组装面，裂纹、变形时更换，组装时原位安装。

（3）SW-160（H）型转向架转臂与节点夹紧箍组装前将除锈的夹紧箍直接置于定位转臂上（未装节点），使螺栓孔处平面接触，局部间隙应不大于 0.5 mm，超限时打磨或加工夹紧箍安装平面；紧固后转臂与节点夹紧箍结合面须有间隙（允许螺栓紧固部分局部密贴），允许在夹紧箍圆弧面加紫铜垫调整。

（4）CW-200（K）型转向架转臂报废时须与轴箱夹紧箍成套更新，轴箱夹紧箍报废时须与转臂成套更新或单独更新为直径 282 mm 的新箍；定位转臂节点与转臂圆孔配合过盈量为 0.1～0.2 mm。定位转臂节点内孔划痕须打磨圆滑过渡，影响橡胶节点压装时更新，转臂定位节点孔表面、定位节点涂润滑油，用压力机压装轴箱节点定位套，定位节点外端面与套筒外端面平齐，使用卡钳组装卡簧。

（5）CW-200（K）型转向架转臂、轴箱夹紧箍检修后与轴箱的接触面涂 30～50 μm 厚的防锈底漆，油漆厚度需均匀；PW-220K 型转向架涂抗咬合剂；其他转向架定位转臂、轴箱夹紧箍、节点夹紧箍检修后，与轴箱、节点的接触面涂润滑脂，其余部位涂油漆。

（6）SW-220K 型转向架转臂和节点夹紧箍与节点组装时,节点夹紧箍上的定位销大端对准定位节点上的定位孔，紧固时节点须有压缩量，紧固后转臂和节点夹紧箍应无间隙。

（7）转臂节点（轴箱节点）锁紧板弯曲变形大于 2 mm 或裂纹时更换。

（8）轮对提吊腐蚀厚度超过 30%或裂纹时更新。

（9）转臂节点更新时同一轮对同时更新，更新的节点刚度差符合以下要求：

① CW-200（K）型转向架：同一转向架横向刚度值差、纵向刚度差均不大于 0.2 MN/m。

② AM96 型转向架：同一轮对横向刚度值之差不大于 0.23 MN/m、纵向刚度值之差不大于 0.7 MN/m；同一转向架横向刚度值之差不大于 0.46 MN/m、纵向刚度值之差不大于 1.4 MN/m（须确保节点压装后缺口与转臂水平方向垂直）。

③ PW-220K 型转向架：同一轮对径向刚度之差不大于 0.6 MN/m，轴向刚度之差不大于 0.3 MN/m；同一转向架径向刚度之差不大于 1.0 MN/m，轴向刚度之差不大于 0.5 MN/m。

4.3.3 CW-2（1）型转向架横向控制杆

（1）横向控制杆腐蚀深度超过 30%、裂纹时更新。

（2）横向控制杆须探伤检查，弯曲时调直，纵裂纹时焊修；横向裂纹时报废；横向控制杆定位销裂纹、螺纹失效、紧固不良时更新，开口销孔磨耗量大于 2 mm 时须焊修或更新。

（3）垫板折断、腐蚀深度超过 30%时须更新。

4.4 轮对轴箱装置

轮对轴箱装置检修按《铁路客车轮轴组装检修及管理规则》执行。

4.5 中央悬挂装置

4.5.1 悬吊装置

4.5.1.1 摇枕吊及销

（1）摇枕吊探伤检查，裂纹时更换，腐蚀、损伤可打磨圆滑过渡，打磨后凹入深度不大于 2 mm，处理后复探。

（2）209T（P）、209PK 型转向架摇枕吊衬套磨耗大于 2 mm 时更新，镶套后局部间隙不大于 1 mm，深度不大于 5 mm。

（3）206G（P）型转向架摇枕吊孔支承处断面高度不小于 48 mm，侧面厚度不小于 32 mm，超限时更换。

（4）摇枕吊上下孔磨耗面距离之差：

209T（P）、209PK 型转向架：同一转向架不大于 3 mm，同一侧不大于 2 mm。

206G（P）型转向架：同一转向架不大于 3 mm，同一侧不大于 2 mm，同一组不大于 0.5 mm。

（5）摇枕吊销磨耗大于 3 mm 或裂纹时更换，摇枕吊销端部卷边时打磨消除，销帽厚度磨耗超过 2 mm 时更换。

（6）CW-2（1）摇枕吊杆裂纹更换、摇枕吊杆螺母裂纹、裂损、变形、螺纹失效时整套更新；橡胶防尘套更新。

（7）207G 型转向架摇枕吊裂纹，支撑处断面高度小于 48 mm，侧面厚度小于 32 mm，腐蚀深度大于 1 mm 时更换。摇枕吊上下孔磨耗面距离之差同一托梁的同一端不大于 0.2 mm，同一托梁不大于 1.5 mm，同一转向架不大于 3 mm。

（8）211 型转向架摇枕吊裂纹时更换，原有横向锻造皱纹须消除，消除后凹入深度不超过 2 mm；摇枕吊孔套磨耗不超过 2 mm，裂纹时更换；摇枕吊上、下孔磨耗面长度之差，同一转向架不超过 3 mm，同一侧不超过 2 mm，允许在摇枕吊座下部加垫调整。

（9）207G 型转向架摇枕吊销磨耗大于 2 mm 或裂纹时更新。211 型转向架摇枕吊销磨耗大于 1 mm 或裂纹时更新；摇枕吊环销裂纹或吊环销杆部磨耗、腐蚀超过 1 mm 时，其他部位磨耗、腐蚀超过 3 mm 时更换，螺纹不良时更换。

（10）211 型转向架系列摇枕吊环裂纹或支撑面磨耗超过 2 mm 时更换，原锻造皱纹须消除，深度不大于 2 mm。组装前须进行选配，同一转向架的同一对吊环内距差不超过 1 mm，同一侧不超过 1 mm，同一转向架不超过 3 mm。

4.5.1.2 支承板、圆台支承板、摇枕吊环座

（1）支承板、圆台支承板裂纹时更换。支承板、圆台支承板孔径磨耗大于 3 mm 时更换，同一摇枕吊销的支承板、圆台支承板孔径相差不大于 1 mm。

（2）吊环座裂纹时更换，吊环座支承处厚度小于 5 mm 时更换。组装时同一侧厚度差不大于 1 mm，同一组不大于 0.5 mm。

（3）206G、207G 型摇枕吊环座裂纹时更换，支撑面处须光滑，厚度小于 6 mm 时更换；组装时同一侧厚度差不大于 1 mm，同一组不大于 0.5 mm。摇枕吊环座的支撑面磨耗超过 1 mm 时焊修或更新。

4.5.1.3 摇枕吊轴

（1）摇枕吊轴裂纹时更换，腐蚀、损伤可打磨圆滑过渡，消除后凹入深度不大于 2 mm。

（2）摇枕吊轴轴颈磨耗大于 11 mm 时更换（原型 ϕ64 mm，同一吊轴两端直径差不超过 3 mm），同一根摇枕吊轴轴颈差不大于 2 mm。

（3）摇枕吊轴轴颈表面须圆滑过渡，根部圆弧半径不小于 2 mm，轴端挡边磨耗后剩余厚度不足 8 mm 时更换。

4.5.2 弹簧托梁（板）

（1）弹簧托梁（板）裂纹时焊修或更换，弯曲变形大于 10 mm 时调修或更换，腐蚀深度超过 30%时焊修、补强或更换。

（2）209HS、209PK 弹簧托梁检修须符合下列要求：

① 弹簧托梁连杆裂纹时更换，腐蚀深度超过 20%时更换，弯曲时调修。

② 重新组装后，209HS 两吊轴安装孔中心距之差不大于 2 mm，对角线长度之差不大于 3 mm。

（3）211 型转向架弹簧托梁耳孔处（内孔除外）须进行探伤检查，有裂纹或铸造缺陷时更换，其他部位有横向裂纹时更换，纵向裂纹及铸造缺陷时焊修，焊修后局部热处理。

4.5.3 摇枕

（1）摇枕裂纹时焊修或焊后补强（摇枕纵裂纹时焊修，上平面、侧面裂纹长度不超过裂纹处断面周长的 1/6 时焊修，超过时更换。底面横裂纹不超过底面宽 1/5 时焊修后补强，超过时更换。原焊缝裂纹时焊修。），各部位腐蚀深度超过 30%时焊修、补强或更换。摇枕上各安装座腐蚀深度超过 30%时焊修或更换，弯曲、变形时调修，裂纹时焊修或更换。

（2）附加空气室须清除内部杂质，漏泄时焊修。

（3）钢弹簧座下平面须平整，锈蚀深度不大于 3 mm。

（4）中心销橡胶套橡胶老化、裂损或脱胶时更换，中心销孔磨耗超过 3mm 时更换。组装时橡胶套距中心销座上平面距离：209HS 型转向架为（44 ± 4）mm，CW-2（1）型转向架为 0 mm，SW-160（H）型转向架为 62 mm。

（5）211 型转向架下心盘铆钉状态检查，损坏或松动时更换。

4.5.4 空气弹簧及附属装置

4.5.4.1 空气弹簧

（1）空气弹簧 A2 修时外观检查，无异状时进行气密性试验，试验合格可不分解。A3 修时尼龙块、钢弹簧和节流阀（SYS580、SYS550 等一体式空气弹簧除外）须分解检修。

（2）胶囊老化、龟裂、破损时更新。空气弹簧各零部件更新标准见表 4-8。标准增加备注：对辅助簧高度有疑问或搬运中有晃动异声时；209HS 空簧有倾斜时，须分解检查。

表 4-8 空气弹簧各零部件更新标准

部位	缺陷	更新限度标准
气囊	龟裂	帘线外露
	磨损	帘线外露，或深度超过 2 mm
	裂纹	帘线外露，或深度超过 2 mm，或长度超过 50 mm
	鼓包	直径 20 mm 以下超过 2 处，直径 30 mm 以下超过 1 处
上盖板	变形	不能保证与气囊密封
	缺损	不能保证与气囊密封
橡胶堆	龟裂	深度超过 2 mm
	裂纹	工作受力区域裂纹打磨后深度超过 2 mm，或长度超过 20 mm
橡胶堆	鼓包	长度超过 1/4 圆周
	开胶	工作受力区域橡胶与金属分离深度超过 20 mm，长度超过 1/4 圆周

（3）上盖板裂纹、弯曲变形影响安装或密封时更新，上盖板硫化橡胶层状态不良影响密封性能时更新。气囊安装座、扣环须光滑、平整、清洁。组装螺栓不得与胶囊接触。

（4）进气口（节流阀）橡胶密封圈更新。

（5）空气弹簧橡胶垫破损、老化时更新。锥形密封胶圈裂纹、缺损、失效时更换。胶囊老化、龟裂、破损时更新。

（6）橡胶支持座脱胶时更新。

（7）节流阀脱落、损坏、锈蚀时更换，安装节流阀时须涂抹螺纹锁固胶。

（8）空气弹簧辅助钢弹簧裂纹、折损时更换，自由高须为（259 ± 6）mm，不符合时调修或更换。209HS 辅助钢簧自由高为 309 mm。

（9）空气弹簧气密性试验：空气弹簧在标准工作高度（± 2mm）下，充气至 500 kPa，保压 10 min，漏泄不大于 10 kPa，或浸入水中 3 min 无连续气泡（AM96 型转向架仅做保压试验，保压 10 min，漏泄不大于 10 kPa）。空气弹簧标准工作高度：209HS、209PK 为 196 mm，SW-160（H）为 200 mm，CW-2 为 150mm，PW-220K 为 358 mm，SW-220K 为 200 mm，CW-200（K）为 210 mm。

4.5.4.2 高度阀、差压阀、安全阀

（1）LV（GDF-A）型高度阀，DP（CYF-A）型差压阀，SAB 型高度阀、差压阀 A2 修时试验台试验，试验合格者可不分解，A3 修时分解检修；FBO 型高度阀、差压阀 A2、

A3 修时现车状态检查，不良时分解检修。

（2）高度阀调整杆组成的上、下关节轴承动作灵活，窜动量不大于 0.5 mm。杆体弯曲变形时调修或更换。

（3）AM96 安全阀检修满足如下要求：

① 清除锈垢，对其进行外观检查，外观良好者对其进行动作试验：相对于操纵杆中心线 VOM 位置的行程为 40 mm 时开始排风，当行程小于 30 mm 时须停止排风。

② 外观检查不良或试验不合格时按《铁路客车空气制动装置检修规则》要求分解检修。

③ 杠杆须无变形、缺损，安装时加润滑脂。

4.5.5 旁承

4.5.5.1 心盘承载客车

（1）旁承滑块须分解除锈并涂油脂，旁承滑块有裂纹、破损腐蚀超过原型厚度尺寸的 30%或油槽深度小于 3 mm 时更换，橡胶垫 A2 修老化、破损时须更新，A3 修时更新。旁承滑块须凸出旁承座 8 mm 以上，不足时可在滑块下加铁垫调整，加垫厚度不得大于 5 mm。

（2）旁承体裂纹时更换。旁承体下调整垫须为铁垫板，数量不超过 3 块。

4.5.5.2 旁承承载客车

（1）清除下旁承摩擦面及导污槽内异物，摩擦面须光滑、清洁；摩擦面划痕、凹坑深度不大于 0.5 mm，平面度不大于 1 mm，导污槽剩余深度须大于 2 mm，偏磨面积不超过 1/3，各限度超限时更新。下旁承磨耗板凸出旁承盒 5 mm 以上，更新时同一转向架同时更新。除 209HS 型转向架外，其余型号转向架下旁承磨耗板 A3 修时更新。

（2）旁承高度及下旁承磨耗板可加铁垫板调整，垫板须平整无变形，垫板厚度及数量要求如下：

① 209HS 型转向架，旁承摩擦面须至少高出旁承盒上表面 5 mm。在旁承盒下可加不超过 3 块、总厚度不大于 30 mm 的调整垫。可在盒内加 2 块、厚度不大于 10 mm 的调整垫（原结构调整垫除外）；旁承组成高度为（60 ± 2）mm。。

② CW-2（1）型转向架,旁承盒内橡胶垫更新。下旁承磨耗板剩余厚度小于 14 mm 或散热槽剩余深度小于 1 mm 时更新。在旁承盒下可加不超过 3 块、总厚度不大于 40 mm 的调整垫，调整垫 2 块及以上时每相邻 2 块之间须点焊在一起，焊点不少于 3 处，并均匀排布（严禁现车点焊）。旁承摩擦面须至少高出旁承盒上表面 5 mm，不足时在盒内可加厚度不大于 2mm 的调整垫。旁承组成高度参考值为（74 ± 2）mm。旁承盒定位销折损或开焊时更换；

③ SW-160（H）型转向架，下旁承磨耗板剩余厚度小于 25 mm 或散热槽剩余深度小于 1 mm 时更新。旁承摩擦面须至少高出旁承盒上表面 5 mm，可在旁承盒内加铁垫调整

磨耗板凸出量，旁承组成设计高度为 58 mm 的，盒内调整垫总厚度不大于 25 mm,数量不超过 3 块，旁承组成高度为（58 ± 3）mm；旁承组成设计高度为 37mm 的，盒内调整垫总厚度不大于 5 mm,数量不超过 2 块,旁承组成高度为（37 ± 3）mm。为调整钩高，可在旁承座与旁承盒间加调整铁垫，调整垫总厚度不大于 30 mm，数量不超过 3 块。

4.5.6 抗侧滚扭杆装置

（1）扭杆、扭臂、连杆裂纹时更新。

（2）关节轴承（销轴）、橡胶密封圈、胶垫、轴套 A2 修时状态检查，不良时更新，A3 修时更新（AM96 和 PW-220K 型转向架轴套、进口关节轴承作用良好者可不更新）。

（3）扭杆与扭臂松动时须分解检修。

（4）扭杆弯曲大于 8 mm 时调修，扭杆端轴直径磨耗大于 2 mm 时焊修或更换。

（5）杆身腐蚀深度大于 2 mm 时更换。

（6）扭杆支承座裂损时更新。

（7）安全吊、连杆安全托变形时调修，腐蚀深度超过 30%时更新。

（8）装用轴套的扭杆须向支撑座内注适量润滑脂。

4.5.7 其他零部件

（1）横向拉杆须进行电磁探伤检查（内孔不探伤），裂纹时更换，橡胶垫更新，橡胶金属套松动、破损、脱胶时更新，杆体弯曲变形时调修；压板变形时更换，裂纹、磨耗或腐蚀超过 2 mm 时更新。CW-2（1）型转向架横向拉杆套管弯曲变形大于 2 mm 或腐蚀深度大于 3 mm 时更换。207G 型转向架杆体锈蚀、磨耗超过 2 mm 时更换。206G（P）、207G 型转向架横向拉杆扁销孔长度或宽度方向磨耗大于 2 mm 时焊修，206G（P）型转向架扁销须采用直边形。

（2）CW-2（1）凹凸垫磨耗超过 2 mm 或裂纹、缺损时更换；橡胶垫老化、裂损时更新，A3 修时更新，更新时同一转向架同侧摇枕吊上部或下部橡胶垫须同时更新；摇枕吊杆对开螺母损伤、裂纹、螺纹失效时报废，报废时须整套更新；橡胶防尘套更新。

（3）209HS 摇枕吊橡胶堆橡胶老化、裂纹、脱胶时更新，A3 修时更新，更新时同一转向架同侧摇枕吊上部或下部橡胶堆须同时更新。

（4）各安全吊腐蚀深度超过 30%、变形时加修或更换，裂纹时更换，螺栓孔损坏、周边压溃变形时更换，钢安全吊螺栓孔边缘打磨倒圆角 $R1 \sim R2$。碳纤维安全吊状态检查，表面磕碰深度超过 3 mm，且面积超过 600 mm^2 时更换。碳纤维安全吊金属衬套松动时更换安全吊；碳纤维安全吊任何表面有长度大于 5 mm 的分层时更换。CW-2（1）型转向架横向控制杆安全钢丝绳状态良好，连接板无裂纹、缺损，腐蚀大于 30%时更新，尼龙套破损超过 50%时更新。

（5）SW-160（H）转向架横向梁状态检修，变形时调修或更换，腐蚀超过 30%时焊修或更换。

4.6 钢弹簧

（1）摇枕、轴箱弹簧须分解检修，弹簧组装螺母、开口销须更新，螺栓磨耗、腐蚀大于 2 mm 或螺纹不良时更新。AM96、CW-200K、PW-220K、SW-220K 型转向架轴箱弹簧 A2 修时状态检查，不良时分解检修，A3 修时须分解检修。

（2）弹簧裂纹、折损或腐蚀超过原簧径 6%时更换。

（3）弹簧夹板中心孔磨耗大于 2 mm 时焊修或更换，夹板裂纹、腐蚀超过 30%时更换。绝缘套磨耗大于 2 mm 或破损时更新。

（4）支撑圈长度不小于 5/8 圈。

（5）按规定载荷进行试验，试验载荷下的高度不超出设计载荷高度的 ± 5%。轴箱弹簧载荷试验高度差：25K、25T 型客车同一轮对及转向架同一侧不大于 3 mm、同一转向架不大于 5 mm；非 25K、25T 型客车同一轴箱不大于 4 mm、同一转向架不大于 8 mm；摇枕弹簧装用前载荷试验高度差同一侧不大于 4 mm、同一转向架不大于 6 mm。211 型同一转向架同侧摇枕弹簧各外圈自由高相差不得超过 3 mm。

（6）弹簧组装时，同组弹簧内外圈弹簧旋向须相反，用夹板及螺栓组装后的高度须符合图纸规定，夹板螺栓须给油并加装开口销。

（7）有预压缩要求的钢弹簧按预压缩高度组装：

① SW-160（H）型转向架为（262 ± 2）mm（不含上下夹板）。

② CW-200（K）型转向架为（310 ± 2）mm（含上下夹板），下夹板无硫化橡胶的为（300 ± 2）mm。

③ SW-220K、PW-220K 型转向架为（270 ± 2）mm（不含上下夹板）。

（8）AM96 型转向架轴箱弹簧橡胶止挡老化、撕裂、橡胶高出金属支撑装置、引导面损坏时更新。

4.7 牵引装置

4.7.1 心盘结构牵引装置

4.7.1.1 心盘

（1）裂纹、裂损时焊修或更换，偏磨时加修。

（2）上心盘直径磨耗大于 6 mm、下心盘直径磨耗大于 4 mm 时焊修或更换，上下心盘直径差不大于 8 mm。

（3）上心盘可加厚度不大于 16 mm 的铁垫板 1 块，下心盘可加不超过 3 层，总厚度不大于 50 mm 的铁垫板。

4.7.1.2 中心销

中心销直径磨耗大于 3 mm 或横向裂纹时报废，有纵向裂纹可加修，弯曲变形影响使用时调修或更换。

4.7.1.3 纵向牵引拉杆

① 牵引拉杆螺纹磨耗、缺损等影响螺母组装时可焊修（40Cr 材质的牵引拉杆不得焊修），隔套、夹板、螺母不良时更新，止退垫圈、开口销更新。

② 牵引拉杆弯曲变形大于 4 mm 时报废。

③ 更新时采用整体实心结构，209HS 型转向架牵引拉杆须采用 40Cr 材质。

④ A2 修时牵引拉杆橡胶垫老化、裂损时更新，A3 修更新。

⑤ CW-2（1）型转向架牵引拉杆套管弯曲变形大于 2 mm 或腐蚀深度大于 3 mm 时更换。

4.7.2 中央牵引装置

4.7.2.1 牵引拉杆

（1）牵引拉杆横向裂纹时报废，表面纵向裂纹深度不大于 2 mm、磨痕深度不大于 3 mm 时打磨消除并圆滑过渡，超限时报废，牵引拉杆孔划伤深度不大于 1 mm 时须打磨圆滑过渡，大于 1 mm 或影响橡胶节点压装时报废。SW-220K 的磕碰伤深度大于 2 mm 或裂纹时报废,磕碰伤深度不大于 2 mm 时打磨消除并圆滑过渡。

（2）牵引拉杆橡胶节点老化、裂损时更新，A3 修时更新。

（3）SW-220K 型转向架牵引拉杆 M30 安装螺栓更新；CW-200（K）型转向架牵引拉杆锁紧板弯曲变形大于 2 mm 时更新。

4.7.2.2 牵引中心销（回转支座、牵引支座、中心销组成）

（1）安装牢固、状态良好时可不分解，松动时更新安装螺栓；CW-200（K）型转向架更换牵引支座时，牵引支座与车体枕梁间特制调整垫不得拆卸。

（2）焊缝裂纹时焊修或更换，焊修后须探伤检查；其他部位裂纹时报废。

（3）中心销轴直径磨耗大于 1.5 mm、局部腐蚀深度大于 2 mm 时焊修或更换；其他部位腐蚀深度大于 20%时焊修或更换。

（4）防尘罩老化或破损时更新。

4.8 油压减振器

A3 修须分解检修，A2 修时按以下要求状态检修：

（1）油压减振器铭牌安装牢固，标记清晰。

（2）油压减振器须进行性能试验，阻尼力值超出标准值的 ± 15%（PW-220K 型转向架抗蛇行油压减振器为 0 ~ 20%）、示功图不对称率超过 10%、示功图有畸形或突变、平放 24 h 漏油、筒体变形时须大修或更新。

（3）橡胶防尘帽和减振垫状态不良、老化时更新。

（4）橡胶节点老化、开胶时须更新。

（5）连接杆螺纹作用不良时更换。

（6）减振垫金属隔板裂损、变形时更换。

（7）防松螺母更新。

4.9 基础制动装置

各圆、扁开口销须更新，各基础制动圆销磨耗大于 1 mm 时更新。

4.9.1 制动梁

（1）制动梁端轴须探伤检查（端轴带套者除外），探伤后在端轴涂打标记。裂纹时更新端轴。端轴磨耗大于 2 mm 时焊修（209T 型不允许镶套），端轴套裂纹、破损或磨耗大于 2 mm 时更新。

（2）制动梁体及拉环腐蚀深度大于 4 mm、磨耗深度大于 2 mm 时焊修或更换，制动梁体裂纹时焊修。

（3）制动梁缓解簧裂纹或衰弱时报废，缓解簧磨耗板剩余厚度小于 2 mm 时更新。安全钢丝绳尼龙套、连接板裂损时更新，衬垫更新。

（4）更换端轴、端轴焊缝焊修后的制动梁须进行弯曲拉力试验，不得有永久变形，207G 型转向架拉力为 88 kN，211 型转向架为 70 kN，其他型号转向架为 68.6 kN，如图 4-9 所示。

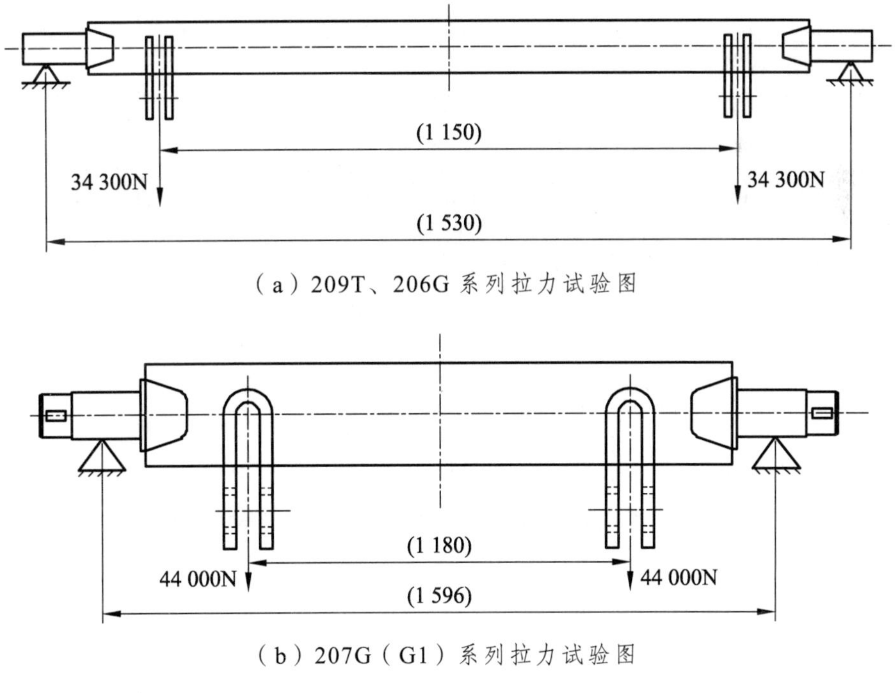

（a）209T、206G 系列拉力试验图

（b）207G（G1）系列拉力试验图

图 4-9 各型号转向架拉力试验图

4.9.2 闸瓦托、吊

（1）闸瓦托吊裂纹时更换，腐蚀、损伤可打磨消除，打磨须圆滑过渡且凹入深度不大于 1.5 mm。

（2）闸瓦托裂纹及侧面磨耗大于 5 mm 时焊修，其余磨耗面磨耗大于 2 mm 或腐蚀深度大于 3 mm 时焊修。检修后的闸瓦托使用样板检测，至少有 3 爪接触，不接触间隙不得大于 2 mm。插销孔剩余壁厚不小于 7 mm，裂损时焊修。经焊修的部位须状态良好并加修平整。

（3）闸瓦间隙调整装置各件裂损、严重腐蚀或螺杆螺纹不良时更换，螺杆、调整杆弯曲时调直，弹簧衰弱或折损时更换。

（4）踏面清扫器连杆弯曲变形时调修，端轴直径磨耗量大于 1 mm 或裂纹时更换；杆身直径腐蚀大于 2 mm 时报废。

4.9.3 各杠杆、拉杆、拉板、拉板吊

（1）各杠杆、拉杆、拉板、拉板吊焊缝裂纹时焊修，其他部位裂纹时报废，腐蚀、磨耗大于 2 mm 时报废。焊修后的拉杆须进行 11.76 kN/cm^2 的拉力试验。

（2）各托架腐蚀超过 30%、裂纹时焊修或更换，变形时调修。

（3）矩形调整螺母作用良好，涂润滑脂。

（4）尼龙滚子磨耗超过 2 mm、破损或状态不良时更新。

（5）曲拐圆销孔磨耗大于 2 mm 时，可焊修、加装衬套或更换，复位弹簧作用良好。

4.9.4 闸片托、吊

（1）闸片托燕尾槽磨耗大于 1 mm 时焊修；闸片托锁铁销孔直径大于 13.5 mm 时焊修或报废。

（2）闸片托吊腐蚀、磨耗深度大于 1 mm 时更换。

（3）锁铁腐蚀、磨耗深度超过原型尺寸 10%、锁舌端面至销孔中心距离小于 44 mm 或销孔直径磨耗大于 1 mm 时焊修或更新。自锁结构的自锁弹簧 A2 修时作用不良时更新，A3 修时更新。

4.9.5 盘形制动杠杆吊座及吊轴（横穿螺栓）

（1）杠杆吊座磨耗大于 2 mm 时焊修或更换，腐蚀深度大于 2 mm 时报废。

（2）杠杆吊座吊轴直径磨耗大于 1 mm 或螺纹作用不良时更换。

4.10 转向架组装

4.10.1 基本要求

（1）各紧固件须紧固良好，无松动。使用防松螺母的部位，规格及紧固力矩见附件

C《客车紧固件力矩要求表》。

（2）同一转向架摇枕弹簧外圈、轴箱弹簧（外圈）旋向须分别一致,并按试验载荷高选配。

（3）各磨耗部位组装前须涂抹润滑脂（弹性定位套、旁承承载结构的上、下旁承磨耗板等有特殊要求者除外）。

（4）转臂定位节点内套及外套表面、定位轴及定位套的梯形外表面及定位臂的梯形槽部分组装前涂润滑脂。

（5）各销、套间隙不大于 2 mm，窜动量不大于 3 mm，窜动量大于 3 mm 时加垫调整。

（6）闸瓦托吊上部圆销和踏面清扫器上部圆销须安装扁开口销，并须卷起，吊座上圆销帽一侧须有安全挡，并安装圆开口销。

（7）闸瓦须更新，闸瓦托应加防翻装置。闸片厚度不小于 20 mm，同一单元制动缸两侧闸片厚度差不大于 5 mm，同侧上下闸片厚度差不大于 1 mm，同一闸片托的闸片更换时同时更新。

（8）闸片托锁铁端部与闸片托支撑面间隙不大于 1.5 mm，闸片托支撑面与闸片背间隙不大于 2 mm，如图 4-10 所示。

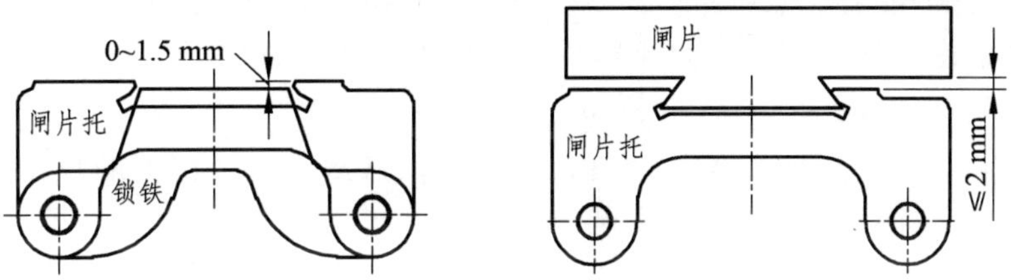

图 4-10　闸片托与锁铁及闸片间隙示意图

（9）制动梁两端水平高度差不大于 12 mm，制动梁下部与缓解弹簧或安全托（吊）间隙不小于 10 mm。

（10)基础制动装置须转动灵活,各部间隙须均匀,闸片与制动盘面间隙之和 2~6 mm，单侧间隙不大于 4 mm（允许单侧闸片不离开盘面，但须无压力）。

（11）转向架油压减振器梯形槽结构组装时，节点轴与槽底部间隙不小于 1 mm，尺寸不足时两侧接触面可各加 1 块与接触面大小相同的等厚紫铜垫调整。同一转向架的相同部位油压减振器型号须一致。

（12）油压减振器、空气弹簧等配件同一转向架的相同部位原则上要求型号一致。

（13）209P 转向架带轴端接地装置时，须全车装用带绝缘橡胶层的定位座、支持环。

（14）车轮直径差：标记速度不大于 120 km/h 客车同一转向架不大于 15 mm，同一车不大于 30 mm；标记速度 140 km/h、160 km/h 客车同一转向架不大于 5 mm，同一车不大于 20 mm。

（15）209 系列转向架安全吊组装时，钢带安全吊采用防松螺母（209HS 采用双螺母），钢带安全吊同侧安全吊和吊座两端间隙之和须不大于 3 mm 且同一端上下间隙均匀，大于 3 mm 的可选配组装或两端均匀加垫调整，上下间隙不均匀的可调修安全吊。

4.10.2　206G（P）、209T（P）、209PK、207G 型转向架

（1）横向缓冲器与构架间隙：206G（P）、207G 型转向架每侧为（25 ± 5）mm，两侧之和为（50 ± 2）mm，超过时调整侧梁上磨耗垫板或橡胶缓冲器垫板（加工橡胶缓冲器）；209T（P、PK）型转向架组装后，横向缓冲器与构架或摇枕间隙每侧为（25 ± 3）mm，两侧间隙之和不大于 50 mm，否则，调整摇枕上磨耗垫板或橡胶缓冲器垫板。

（2）弹簧托梁（板）底面与安全吊距离为 20 ~ 60 mm。

（3）206G、207G 型转向架横向拉杆两个橡胶垫须有 3 ~ 6 mm 的预压缩量，压缩量不足时加垫调整。

（4）206G 型转向架闸瓦托组装横穿螺栓采用 M12 螺栓，紧固时采用平垫圈加弹簧垫圈加普通螺母的紧固方式。

4.10.3　209HS 型转向架

（1）摇枕吊防尘套下部、摇枕吊锁紧圈及连接座各接触面、抗侧滚扭杆连杆与关节轴承组装面、各圆销与衬套组装面、导柱与定位器组装面均须涂润滑脂。

（2）摇枕吊橡胶堆更新时，同一转向架同侧上部或下部同时进行，A3 修须更新。摇枕吊橡胶堆距构架侧梁间隙不小于 3 mm。

（3）轴箱弹簧托盘内的定位块须落在橡胶定位器槽内，定位器的缺口方向须沿车轴纵向方向。防松吊座待整车落成后安装。

（4）摇枕吊锁紧圈须原套成对使用，报废时成套更新，下平面须平齐，开口方向沿车轴纵向方向。

（5）整车落成前调整摇枕，使牵引拉杆座与构架牵引拉杆座距离为（840 ± 2）mm 后，如图 4-11 所示，紧固牵引拉杆（材质为 40 Cr）。

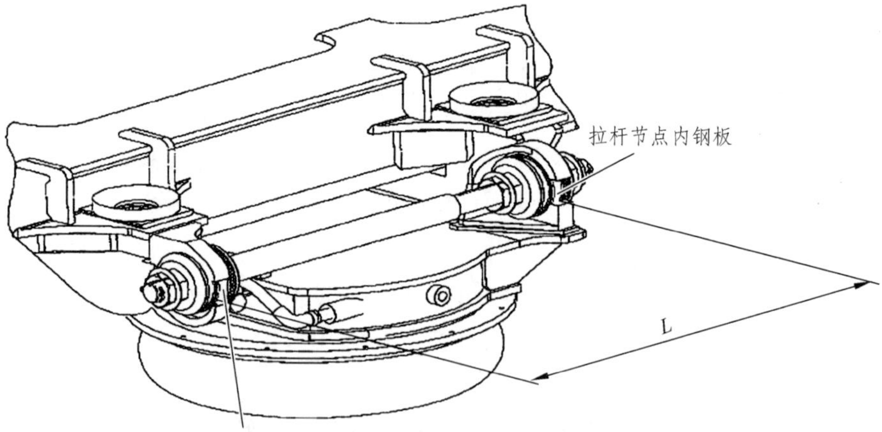

图 4-11　209HS 牵引拉杆测量示意图

（6）横向缓冲器与构架横向间隙每侧为（30 ± 2）mm，不符合要求时可加垫调整。

4.10.4 CW-2（1）型转向架

（1）摇枕与构架须配套组装，更换时测量构架横向油压减振器座安装孔边缘到横梁立板间的距离 L_1，摇枕横向油压减振器中心到摇枕中心的距离 L_2，L_1 为 63mm 的构架配 L_2 为 258 mm 的摇枕，L_1 为 78 mm 的构架配 L_2 为 243 mm 的摇枕。

（2）牵引拉杆须在落车前安装，使摇枕纵向止挡与构架间隙之差不大于 4 mm 后紧固，CW-1 型转向架纵向挡与摇枕间隙须大于 10 mm，CW-2 型转向架纵向挡与摇枕间隙须大于 12 mm。

（3）摇枕横向挡与构架侧梁间隙每侧为（40 ± 3）mm，不符时可调整横向挡调整垫厚度或在构架上加焊磨耗板。

（4）摇枕吊杆对开螺母须原套配对使用，下平面须平齐，吊杆螺纹外露部分不少于 2 扣。对开螺母开口方向应与车轴方向平行。

（5）托板安全钢丝绳上端 M20 螺栓采用平垫圈加弹簧垫圈加普通螺母加开口销的安装方式；横向控制杆钢丝绳管卡 M10 安装螺栓采用平垫圈加弹簧垫圈加普通螺母的安装方式。

（6）横向控制杆未组装前同一轮对两车轮内侧面与构架上基准块的间隙差不大于 2 mm；构架上无定位块时，各节点定位轴凸出构架定位座的距离，内外侧差均不大于 2 mm。测量符合规定后，自由状态下锁紧节点，轴箱节点锁紧机构与定位座间隙大于 2 mm。

（7）轴箱节点锁紧机构与定位座间隙大于 1 mm。

（8）轴箱弹簧组装时应让弹簧尽量远离轴箱。

（9）定位转臂与构架组装后，螺栓紧固力矩为（150 ± 10）N · m，并加防松铁丝。

（10）横向控制杆的前控制杆具有方向性，须安装正确，压铁水平安装，控制杆定位销孔磨耗≤2 mm，扁开口销安装后须包卷，无松动。定位销上用普通螺母 + 弹簧垫圈 + 扁开口销，扭矩为 260~300 N · m。定位销垫板为 120 mm×55 mm，内侧面倒坡口；安装时垫板倒角侧向内，长度方向为水平方向，使用普通螺母加弹簧垫圈的紧固方式，同时涂抹锁固胶，安装力矩 260~300 N · m，开口销须卷起且不能窜动。

（11）定位套（轴）与定位臂梯形槽底部间隙不小于 1 mm，可在梯形槽两侧面各加 1 块与接触面大小相同的等厚紫铜垫调整，但间隙不得大于 6 mm。

4.10.5 SW-160（H）型转向架

（1）转臂定位销须落入轴箱体承载座上的定位销孔内。

（2）轴箱顶部与定位转臂下部的间隙不小于 1 mm，车轮与构架轴箱弹簧座的间隙应不小于 12 mm。

（3）转臂梯形槽与定位轴接触面配合均匀，定位套（轴）与臂梯形槽底部间隙为 5^{+1}_{-3} mm，超限时可在梯形槽两侧面各加 1 块与接触面大小相同的等厚紫铜垫调整。

（4）摇枕横向缓冲器与构架横向挡间隙每侧为（25 ± 2）mm，两侧之和为（50 ± 2）mm。

超过时在缓冲器橡胶头后加调整垫，不足时调垫或加工橡胶缓冲器。

（5）转向架落成前调整摇枕，使牵引拉杆座与构架牵引拉杆座距离为（840 ± 2）mm后，紧固牵引拉杆。测量摇枕与构架纵向间隙，摇枕同一端两侧与构架测量基准座之间的间隙值差不大于 4 mm，如图 4-12 所示。

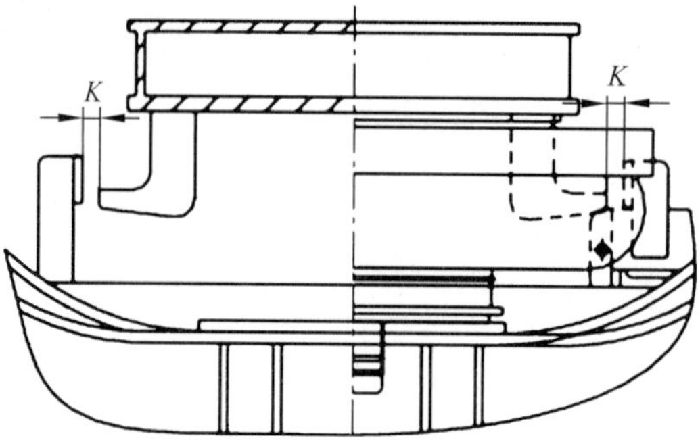

图 4-12　摇枕与构架纵向间隙示意图

4.10.6　CW-200（K）型转向架

（1）转臂与节点装置组装时，盖形螺母组装须在外侧。

（2）转臂节点套筒两端面相对两侧定位块间隙之差不大于 3 mm。

（3）轴箱凸台与转臂弹簧托盘下表面间隙须大于 0.1 mm，左、右间隙差不大于 1 mm。

（4）转臂和轴箱夹紧箍与轴箱体组装后，转臂和轴箱夹紧箍结合面处须无间隙。

（5）同一轮对两车轮内侧面与构架上的基准块的间隙差不大于 2 mm。

（6）轴箱节点处锁紧板上表面与定位座下表面之间间隙不小于 2 mm，可在梯形槽两侧面各加 1 块与接触面大小相同的等厚紫铜垫调整。锁紧板锁紧后，连接螺栓须穿防松铁丝。

4.10.7　SW-220K 型转向架

（1）转臂定位轴与梯形槽接触面配合须严密，允许有不大于 0.1 mm 的局部间隙，定位轴与梯形槽底面间隙不小于 5 mm，可在梯形槽两侧面各加 1 块与接触面大小相同的等厚紫铜垫调整。

（2）轴箱凸台与转臂弹簧座下平面间隙须大于 0.1 mm，且左、右间隙之差不大于 1 mm。

（3）转臂和轴箱夹紧箍与轴箱体组装后，转臂和轴箱夹紧箍结合面处须有间隙（允许螺栓紧固部位局部密贴）。

（4）同一轮对两车轮内侧面与构架上基准块的间隙差不大于 2 mm。

4.10.8　AM96 型转向架

（1）横向止挡与牵引销止挡座面间间隙单侧为（20 ± 2）mm，两侧之和为（40 ± 2）mm，纵向挡间隙为 13 ~ 17 mm。

（2）轴箱凸台与转臂弹簧托盘下表面间隙为 0.1 ~ 3 mm，左、右间隙差不大于 1 mm。

（3）手制动钢缆关节轴承座与转臂圆销中心距离为（192 ± 2）mm，如图 4-13 所示。

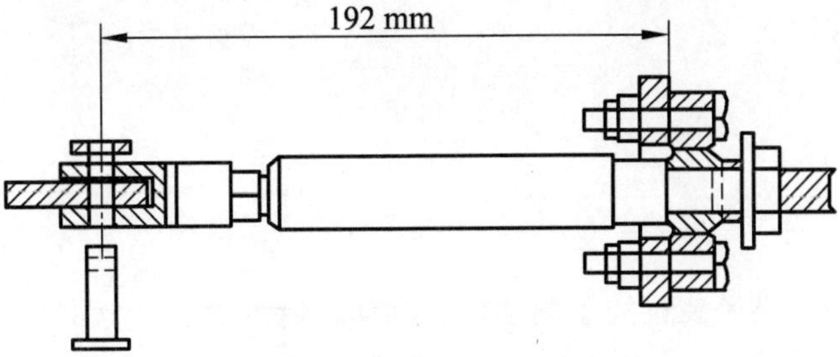

图 4-13　钢缆与单元缸端安装

4.10.9　PW-220K 型转向架

轴箱凸台与转臂弹簧托盘下表面间隙为 0.1 ~ 3 mm，左右间隙差不大于 1 mm。

巩固练习习题

1. 简要说明转向架段修的基本要求。
2. 简述转向架主要部件段时探伤的基本方法和要求。
3. 简要说明 CW-2（1）型转向架构架定位尺寸的基本要求。
4. 简述 CW-200（K）型转向架构架定位尺寸的主要数值及要求。
5. 简述客车转向架轴箱定位装置转臂节点更新时，节点刚度差的要求。
6. 简述 CW-2（1）型转向架横向控制杆段修的要求。
7. 客车 209T（P）型转向架中央悬挂装置摇枕吊及销段修的基本要求。
8. 简述 209HS、209PK 弹簧托梁段检修的基本要求。
9. 简述客车转向架空气弹簧的段修要求。
10. 简述客车向架空气弹簧中高度阀、差压阀、安全阀的作用和检修注意事项。
11. 抗侧滚扭杆装置检修的主要要求和重要的限度。
12. 钢弹簧段修的主要要求。
13. 简述心盘结构牵引装置的检修要求。
14. 简述中央牵引装置中牵引拉杆段修的主要要求。
15. 简述油压减振器在 A3 和 A2 时主要区别和要求。
16. 基础制动装置制动梁检修的基本要求。
17. 转向架组装的基本要求。

5 制动、供风装置

本节主要对制动、供风装置的手制动机、制动、供风管系、分配阀、中间体、风缸及吊带（座）、模块吊架、制动缸、J型闸瓦自动间隙调整器、杠杆、空重阀等主要零部件的检修、更换标准进行了明确，同时对制动装置的组装做了要求。

学习重点

手制动机、制动、供风管系、分配阀、中间体、风缸及吊带（座）、模块吊架、制动缸、J型闸瓦自动间隙调整器、杠杆、空重阀等主要零部件的检修、更换标准。

学习难点

掌握制动、供风装置主要零部件的检修、更换参数标准。

学习基本方法与建议

直接学习法结合跟踪学习法，用理论学习加现场跟踪确认的方式对检修更换参数标准熟知。

手制动机、制动供风管系、风缸、制动缸等按以下要求检修，分配阀、单元制动缸等在《铁路客车空气制动装置检修规则》中未包含的内容按以下要求检修。其他制动、供风装置按《铁路客车空气制动装置检修规则》要求检修。

5.1 手制动机

（1）清除各部锈垢，外观检查状态良好者可不分解，状态不良者进行分解。

（2）蜗轮蜗杆组成、蜗轮座、手制动摇把、链轮、滑轮、转臂组成、拉杆托裂损时更换，腐蚀、磨耗超过30%时更换；滑杆、尼龙滚子裂损或直径方向磨损大于2mm时须更新；啮合部分须涂适量润滑油脂，箱盖须加垫，螺母须紧固；手制动钢丝绳断丝超过总数的10%、断股、松股、套环松动等状态不良时更新；各圆销、衬套磨耗大于1 mm、裂纹或松动时更新。钢缆橡胶护套周向裂损超过50%时更新，纵向裂损长度超过500 mm、裂损超过3处时更新。

（3）手制动链链环腐蚀或磨耗深度大于 2 mm 或裂纹时更换；掣轮盒开盖检查，加润滑脂；锈蚀或作用不良时分解。

（4）焊修的手制动链链环须进行持续 180 s、拉力为 14.7 kN 的拉力试验，经焊修或锻修的拉杆须进行持续 180 s、拉力为 11.76 kN/cm^2 的拉力试验，不得裂损或产生永久变形。

（5）轴限位装置裂纹或腐蚀超过 30%时更新，轴限位装置安装螺栓无松动。

（6）各配件组装后须齐全良好，各紧固件松动时紧固，各销套磨耗不过限，各磨耗部位须涂润滑脂，各运动部件转动灵活。

（7）组装后须进行功能试验：手制动摇把、立轴及其他各运动部件须转动灵活。手制动机制动拧紧后，与之相连的闸片（闸瓦）须抱紧制动盘（踏面），手制动机链轮须留有 0.5 ~ 2 圈的卷入量；手制动机缓解后，与之相连的闸片（闸瓦）须离开制动盘（踏面）或闸片无压力，闸片（闸瓦）完全复位后摇把不能继续逆时针转动。手制动钢缆安装时手制动机及手制动夹钳应处于缓解位置。

5.2 制动、供风管系

（1）清除外壁、管吊卡、管接件锈垢，吹除各管系内壁尘垢。

（2）管壁腐蚀超过 50%或裂纹时更换。

（3）管卡腐蚀超过 30%或裂纹、折损、螺纹不良时更换；管卡垫、管吊垫裂损时更换。各主、支管不许别劲，过梁处不许与梁直接接触；制动管与管件(或缸类、阀类)的螺纹轴线须处于同一直线上。

（4）更换管路时须符合以下要求：

① 须采用无缝管，非不锈钢管系在新造或厂修后第二个段修时，须全部更换为不锈钢管系。

② 管件螺纹距端面前 3 扣不得断损，其余部分断损总长度不得超过螺纹周长的 10%，相邻两扣同一部位不得同时断损。

③ 新制钢管螺纹处须去除油垢、切屑和毛刺，端部内径缩小量不大于 1 mm，弯曲部位外径的减少量不大于原外径的 10%。

④ 不锈钢管不得加热调修，其他钢管火焰加热调修后须清除内、外部表面氧化皮。

（5）管路滤尘器、汽水分离器 A2 修时现车分解检查，滤尘网破损时更新，清理汽水分离器导流装置，密封件更新，阀体裂损时更新。A3 修时实施换件修。

（6）A2 修时气路控制箱、止回阀、各塞门（折角塞门除外）现车检查，作用不良或 A3 修时按《铁路客车空气制动装置检修规则》分解检修。

（7）安装前须吹除管路内部尘垢。各滤尘网清洁，破损时更新。

（8）管路组装时须在螺纹上缠绕管路密封绳或聚四氟乙烯薄膜，但不得超过螺纹端部，不得使用黑铅油、麻、管路螺纹密封胶等易破碎、易侵入管系的密封介质；连接处拧紧后须外露 1 扣以上的完整螺纹，旋入部分不得少于 4 扣；制动管与管件（或缸类、阀类）的螺纹轴线须处于同一直线上。

（9）非不锈钢制动管系腐蚀及油漆（或防腐层）脱落处须在清除表面锈垢后涂刷车体底架相同的油漆;紧急制动阀连通管车上部分在涂刷防腐防锈漆后还须涂银粉漆。油漆喷涂均匀、全面，干膜总厚度不小于 120 μm。

（10）法兰、活接连接组装须使用耐低温、耐老化的密封垫。

5.3 分配阀

分配阀下车分解检修，其中铝合金阀体 F8 分配阀 A2 修单车试验良好时可不下车检修。

5.4 中间体

中间体现车检查，状态良好可不分解，清除表面锈垢，吹除内腔尘垢，漏风、窜风等故障时更换。集成式中间体腐蚀大于 2 mm 或破损时更新，钢丝螺套损坏时更新，容积室、局减室、紧急室分解后清除杂质、锈垢，密封垫更新。中间体内金属粉末滤尘杯分解、清洗干净，破损、锈蚀、裂纹时更换。

5.5 风缸及吊带（座）

（1）拆除风缸螺堵或排水塞门，排除风缸积水，清除外部锈垢，吹出内部尘垢，清除风缸、吊带及安装座表面锈垢。

（2）风缸局部点蚀（ϕ15 mm 以下）深度大于 2 mm 但在 120 mm × 120 mm 范围内点数不超过 5 个时焊修或更换，焊点磨光，超过以上数量或点蚀穿孔、裂纹时更换。

（3）焊接于缸体上的固定式吊座变形时调修，腐蚀超过 30%时补强或更换，裂纹时更换。

（4）风缸焊修后按工作压力的 1.5 倍进行水压力试验，保压 3min 不得有渗水、裂纹或变形；水压试验合格后，按工作压力进行风压试验，保压 5min 不得有漏泄。对风缸焊缝、塞门及端部螺堵连接处进行皂液检查，确保风缸焊缝、塞门及端部螺堵连接处不漏泄。

（5）各吊带须状态良好，不锈钢吊带无裂纹、变形，螺栓须紧固良好并有 2 扣以上余量，背母或弹簧垫圈齐全，垫木损坏时更换，各吊带腐蚀超过 30%时更换，吊带销、吊带螺栓腐蚀超过 30%、裂纹、变形时更新。

（6）风缸及非不锈钢吊带涂刷油漆时，涂刷与车体底架相同颜色油漆，风缸安装垫木更新时须进行防腐处理，风缸安装垫木与座间局部间隙不超过 2 mm。

5.6 模块吊架

（1）清除表面及紧固件连接部位锈垢，锈蚀部位须采用手工方式清除锈垢，达到 ST2 级标准。

（2）模块吊架各部位不得有裂纹，钢结构腐蚀深度大于 30%时截换，点状腐蚀时可堆焊。螺栓须紧固。

（3）涂刷油漆时，须涂刷与车体底架相同颜色油漆，油漆喷涂均匀、全面，干膜总厚度不小于 100 μm。

5.7 制动缸

5.7.1 单元制动缸

膜板式单元制动缸 A2 修时试验台试验良好可不分解，A3 修分解检修；皮碗式单元制动缸 A2、A3 修分解检修。

5.7.2 旋压（铸铁）制动缸

5.7.2.1 基本要求

（1）清除制动缸外部锈垢，有局部成麻坑状锈蚀的要仔细去除锈层露出金属本色。

（2）制动缸现车分解检修，清除内部油垢、杂质。

（3）皮碗、密封垫等橡胶件及滤尘片、毡垫更新；防尘套破损时更新。

（4）缸体内壁、活塞压板、活塞杆及弹簧、漏泄沟及其他零件须清洗并擦拭干净（不得用挥发性油擦洗），损坏时更新；漏泄沟积垢须清除干净。

（5）缸体、后盖、前盖缺陷边缘与孔边缘距离小于 15 mm 时更新。

（6）弹簧座、前盖滤尘套内外环等裂纹、损坏时更新。

（7）制动缸各钢板压型零件腐蚀大于 2 mm 时更新。

5.7.2.2 缸体

（1）旋压制动缸缸体局部点蚀（ϕ15 mm 以下）深度大于 2 mm 但在 120 mm × 120 mm 范围内的点数不超过 5 个时焊修或更换，超过 5 个、腐蚀深度大于 2 mm 或裂纹时更新。

（2）铸铁制动缸缸体不得有裂纹、砂眼、缺损、漏泄等缺陷，漏泄沟不得堵塞。

（3）缸座变形时调修或更换，焊缝开裂时焊修或更换；缸座前法兰盘边缘破损不超过 2 处，破损总长度不大于 50 mm。

5.7.2.3 活塞组成

（1）活塞杆弯曲时调修，裂纹时焊修或更新，铆钉松动时铆固，铸铁件裂纹时更新。

（2）活塞及压板裂纹、缺损、漏泄时更新，焊缝裂纹时更新。

（3）整体压型活塞变形时更新，焊缝裂纹时更新，局部腐蚀深度大于 2 mm 时焊修磨平或更换。

（4）十字头导框裂纹、腐蚀或磨耗深度超过 3 mm 时焊修或更换。

5.7.2.4 缓解弹簧

缓解弹簧须清洗，去除表面油垢，折损、裂纹、变形时更新，料径磨耗及腐蚀减少量大于 5%时更新；有效圈与支持圈肩部接触处磨耗及腐蚀减少量大于 10%时更新；弹簧衰弱时更新。弹簧参数如表 5-1 所示。

表 5-1 弹簧参数表

序号	型式	制动缸规格（内径×行程）/mm×mm	钢丝直径/mm	弹簧自由高/mm
1	铸铁型	356×305	12	≥610
2	铸铁型	406×305	12～13	≥638
3	密封型	356×305	12	≥610
4	压型	356×254	12	≥575
5	压型	356×254	8	≥600
6	压型	406×254	12	≥607
7	压型	406×254	8	≥600

5.7.2.5 前、后盖

（1）旋压型式制动缸前盖变形或活塞杆孔偏磨大于 3 mm 时更换。

（2）铸铁缸前、后盖裂纹时更换，砂眼、缺损严重影响密封性能时更换。

5.7.2.6 组装

（1）前盖、活塞、活塞杆与十字头导框安装时须原位原装。

（2）组装活塞前，制动缸内壁、活塞、皮碗须涂抹 89D 制动缸脂。活塞装入缸体后，缸体内壁须涂 89D 制动缸脂,其总用量如表 5-2 所示。密封式制动缸前盖滤尘套的毛毡须用 89M 脂浸透。旋压式制动缸组装时须对前盖滤尘器进行清洗，更新内部棕毛，缸体内壁、前盖导向套处及皮碗周围涂 89D 制动缸脂。

表 5-2 89D 制动缸润滑脂用量表

制动缸直径/mm	ϕ356	ϕ406
89D 制动缸脂用量/kg	0.25～0.35	0.3～0.4

（3）制动缸缓解状态下，在十字头导框上平面使用白色油漆分别距制动缸前盖 140 mm、150 mm、160 mm 处（150 mm 处涂写“150”字样标记，字高 30）共画三条标记线，每条 3～5 mm 宽，长度为 100 mm。

（4）制动缸外表面涂刷与车体底架相同颜色油漆，油漆喷涂均匀、全面，干膜总厚度不小于 100 μm。涂（喷）漆时，应注意避开滤尘网、规格牌。

5.8 J 型闸瓦自动间隙调整器

（1）分解检修，活塞弹簧变形衰弱、裂损及折断者更换，自由高较原型自由高不小于

10 mm，活塞皮碗须更换新品，风筒内壁有锈斑时用油石清除，轻微拉伤时磨修平滑，无修复价值者更换。

（2）各件进行组装时，风筒、活塞皮碗及棘轮套筒内须涂 89D 制动缸润滑脂，组装后进行试验，作用良好。

5.9 杠杆

（1）车下各拉杆，拉板检修参照 4.9.3 检修要求。

（2）制动拉杆、均衡杠杆拉杆及调整丝套的螺纹，有下列情况之一时须更换：螺纹断损总长度超过螺纹周长的 10%；螺纹相邻两扣同一部位均断裂；螺纹牙形缺陷或磨损；螺纹腐蚀高度超过原螺纹高度的 1/4 时。

（3）ST-600 型闸调器 A3 修按《铁路客车空气制动装置检修规则》要求分解检修，A2 修现车试验良好、外观检查良好可不分解检修。

5.10 空重阀

CE-2（3）型空重阀 A2 修时试验台试验，试验合格者可不分解，A3 修时分解检修；U5A 型空重阀 A2、A3 修时试验台试验良好可不分解。分解检修和试验标准按《铁路客车空气制动装置检修规则》执行。

5.11 制动装置组装

（1）缸与吊座间，制动管与吊座间衬垫须良好。

（2）分配阀排气管安装时，须使排气口朝下方。

（3）折角塞门、制动软管、总风软管连接器组装须符合以下要求：

① 制动软管、总风软管连接器装车时，保证连接器和接头的马蹄球面的位置正确；

② 软管防尘堵链腐蚀、裂纹、变形时调修或更新，制动软管防尘堵链的长度为（821 ± 20）mm，总风软管防尘堵链的长度为（685 ± 20）mm，其中，防尘堵链长度仅包含链及下环。

（4）各软管装车后，需与其他零部件有足够安全距离，防止碰磨。

（5）管路组装后，充风至工作压力，不得漏泄。

（6）各杠杆、拉杆不得与相邻件及托、吊有非正常接触。均衡杠杆与托之间距离：缓解时在制动方向上须有 1/2 以上余量，制动状态下在制动方向上须有 180 mm 以上余量。制动拉杆与调整丝套组装时，螺纹部分需涂抹适量润滑脂，组装后拉杆需露出调整丝套 2 扣及以上（受结构限制可露出 1 扣以上），两端露出部分需均匀，同一调整丝套两拉杆头之间距离不少于 10 mm。拉杆与调整丝套连接采用螺母紧固防松的，螺母与调整丝套间不需加双耳止动垫片，螺母紧固后须涂打防松标记。

（7）制动拉杆圆销孔段修时优先使用外孔。

巩固练习习题

1. 简述手制动机段修的基本要求。
2. 简述客车制动、供风管系段修的基本要求。
3. 分别说明客车制动机中间体和风缸及吊带（座）检修的基本要求。
4. 客车单元制动缸在不同检修周期时的各自的主要要求。
5. 简述客车旋压（铸铁）制动缸组装的要求。
6. J 型闸瓦自动间隙调整器段修时的要求。
7. 简要说明制动装置组装时的基本要求。

6 设 备

本节对客车主要设备车窗、侧门、风挡门、非电气化餐车厨房燃煤炉灶的检修标准进行了明确。

学习重点

车窗、非电气化餐车厨房燃煤炉灶的检修标准，侧门、风挡门的基本检修要求，折页门、摆门、推拉门、手动塞拉门、电控气动塞拉门的差异化检修要求。

学习难点

掌握侧门、风挡门的基本检修要求的同时，重点掌握折页门、摆门、推拉门、手动塞拉门、电控气动塞拉门的差异化检修要求。

学习基本方法与建议

直接学习法结合比较学习法，在学习侧门、风挡门的基本检修　要求的同时，对比学习折页门、摆门、推拉门、手动塞拉门、电控气动塞拉门的差异化检修要求。

6.1 车窗

车窗各部须彻底清除污垢，安装牢固，活动窗开闭或升降灵活，窗锁作用良好，胶条无老化、缺损、脱落，密封良好。车窗不良时检修，符合以下要求：

（1）窗框及内饰框缺损、裂纹、开焊时焊修磨平或更换，变形时调修或更换。外嵌拉铆式车窗窗框铆钉、螺钉松动时更换紧固件；窗框松动、透锈时须分解检修，安装时须先涂密封胶。

（2）窗玻璃破损时更换，中空玻璃进汽、进水、破裂时更换，中空玻璃、胶条尺寸符合要求。更换时,先将胶条从槽内拉出，取出中空玻璃,检查安装面及胶条槽是否平直,无杂物。将胶条装入槽内,接头间隙不大于 1 mm。厨房窗的下半部和洗面间、厕所、茶炉室、锅炉室、贮藏室外层窗须用磨砂玻璃。

（3）活动窗平衡机构不良时修复或更换。

（4）车窗防护栏状态良好，安装牢固，车窗防护栏栏杆间距及栏杆与窗框之间间隙不大于 150 mm。限位止挡良好，下拉上开式车窗控制最大开度 250 mm，上推下开式车窗控制最大开度 150 mm。

（5）发电车百叶窗动作灵活，转轴部位注油，叶片腐蚀、损坏时更换；外侧防护栏安装牢固，腐蚀、损坏时更换。

（6）胶条老化、缺损时更新，密封良好，接头间隙不大于 1 mm。

6.2 侧门、风挡门

各部须彻底清除污垢，状态检查，不良时检修。门玻璃破损时更换，中空玻璃进汽、进水时更换，胶条、胶芯老化、缺损时更换，接头间隙不大于 1 mm。侧门（折页门）更换玻璃或安装胶条时，胶条内的胶芯须安装在车门外侧。

6.2.1 折页门、摆门、推拉门

（1）折页、地弹簧、滑轮作用不良时修复或更换，转动部分须加注润滑油。

（2）门把手、锁 A2 修时状态检查，加注润滑油，锁口安装牢固，状态良好，作用不良时分解检修。A3 修时分解检修。

（3）钢制、铝制门腐蚀或破损时，须截换或更换，变形时调修平整，无法调修者，可增加装饰性通长补强不锈钢板。玻璃钢车门裂纹时用同种材料修复或更换。

（4）金属门框、滑道、导轨及门坎变形时调平，腐蚀、破损时截换或更换。局部损伤可焊补磨平。

（5）侧门挡雨压板、防风胶条破损时更新，安装牢固。

（6）车门毡条、通风格栅、防撞板、侧门防风胶皮、折页处防挤手布、开闭器、止挡安装牢固，作用良好。

（7）车门组装后进行检查和开闭试验，符合以下要求：

① 开闭灵活，无异常响声；

② 间隙均匀，内部各门(拉门、铝制摆门除外)与门框左、右、上部间隙均不大于 4 mm，下部不大于 6 mm；侧门及风挡门(铝制摆门除外)左、右、上部间隙各不大于 5 mm，下部间隙不大于 15 mm。

③ 门锁及把手灵活可靠，钥匙操作无卡滞。

6.2.2 手动塞拉门

清除锈垢，状态检查。各部件齐全，无变形、锈蚀，安装牢固、作用良好，不良时分解检修。

（1）电伴热装置状态良好，测试对地冷态绝缘大于 20 MΩ，通电 5 min，表面须有明显温升，状态不良时更换。

（2）弹簧、锁舌、楔块轴、摇臂体、滚轮等运动组件注润滑脂，尼龙滚轮状态不良时更新（下支架尼龙滚轮 A3 修时更新）。

（3）车门安装紧固，配件齐全，拉门导轨导向性能良好，开关灵活，锁闭严密，锁闭后无晃动。紧固螺栓更新时，须涂螺纹锁固胶。

（4）钢丝绳衬套与拨抓 V 形槽间须有 2 ~ 3 mm 间隙。

（5）车门内、外解锁装置、压紧装置须作用良好。

（6）塞拉门预加负荷调整，使下部与门框无间隙时，上部可与门框保留不大于 1 mm 的间隙。

6.2.3 电控气动塞拉门

清除锈垢，状态检查，各零部件齐全，安装牢固、作用良好，不良时分解检修。

（1）电控系统各部无烧损。

（2）电控箱内外及电器件清洁，接线牢固,各标记清晰，与图纸一致。电源箱输出电压正常、稳定。各标牌、图纸齐全、清晰、正确。

（3）各微动开关或行程开关调试良好，动作准确，安装牢固。

（4）电伴热装置状态良好，测试对地冷态绝缘大于 20 MΩ，通电 5 min，表面须有明显温升，状态不良时更换。

（5）气路系统过滤减压阀调整值须在 460 ~ 610 kPa 范围内，各管路连接正确，排列整齐，安装牢固，无漏泄；气缸无裂损，作用良好。

（6）门扇清洁、无损伤，上下滑道、防护罩内、门框周边胶条清洁、无杂物。胶条破损、龟裂、老化、变形严重、密封不良时更新，尼龙滚轮状态不良时更新，（下支架尼龙滚轮 A3 修时更新）。紧固螺栓更新时，须涂螺纹锁固胶。

（7）翻转脚蹬，转轴盒分解检查，涂润滑脂。

（8）各运动件加润滑脂，动作灵活，作用良好，无锈蚀、损坏，锁闭严密，无晃动。防挤压胶条涂低温润滑脂。

（9）内外开关锁、中央锁、隔离锁、紧急锁须作用良好。

（10）塞拉门预加负荷调整，使下部与门框无间隙时，上部可与门框保留不大于 1 mm 的间隙。

（11）进行性能试验，须符合以下要求：

① 5 km/h 信号功能模拟试验，5 km/h 自动闭锁功能良好。

② 电控方式下开门时，门的单程运行时间须为 2 ~ 5 s。

③ 气动开启时门的净开度须为 710 ~ 740 mm（无障碍车二位端塞拉门须大于 850 mm）。

④ 防挤压及 98%行程关门作用良好，电控方式关门时，用 30 mm × 60 mm（30 mm 尺寸为受挤压面）的木块进行防挤压测试，防挤压功能须良好。

⑤ 气动开门时翻转脚蹬须自动放平，关门时翻转脚蹬须自动向上翻转至挡块处；无气时，翻转脚蹬须自动翻起（无联动功能塞拉门除外）。

⑥ 乘务室带有塞拉门状态显示功能的，塞拉门开、闭后功能显示正常。

6.3 非电气化餐车厨房燃煤炉灶

（1）彻底清除炉灶表面油垢及内部烟尘。对燃煤炉灶及其配件进行状态检查，不良者分解检修。

（2）炉灶防火板须清除污垢，腐蚀、破损时修补或截换，铁质防火板检修后涂耐高温防锈底漆和面漆。拼接挡火板接缝处须压接严密。

（3）燃煤炉灶内部隔热防火层须完整，缺损时填补或整体更换。

（4）分解烟囱帽，彻底清除排烟筒、烟囱帽油垢及烟尘。烟筒、隔热套损坏时修复或更换，烟筒内部腐蚀时须对烟筒及隔热层整体更换。隔热套、散热罩及烟筒须伸出车顶外 15 ~ 40 mm（无法兰座时为 75 ~ 200 mm）。车顶隔热套与顶板以及烟筒与罩座接触须严密。

（5）防火隔热材料缺失、损坏者补充完整，防火作用须可靠良好。

（6）燃煤炉灶各门、把手、集灰屉、炉排、金属炉台、风门、烤箱等配件须作用良好、可靠。燃煤炉灶及排烟筒、烟囱帽须安装牢固，并涂刷耐高温防锈漆。

巩固练习习题

1. 简述客车车窗段修的基本要求。
2. 用参数说明铁路客车段时对侧门、风挡门的要求。
3. 简述铁路客车手动塞拉门段修要求。
4 简要说明电控气动塞拉门的检修规程与特点。
5. 简要说明非电气化餐车厨房燃煤炉灶段修的基本要求和注意事项。

7 给水、卫生系统

本节主要对给水系统、采暖系统、卫生系统的零部件检修、试验标准及要求进行了明确。同时对燃煤茶炉检修参数、标准进行了明确。

学习重点

给水管系、水箱的检修标准；燃煤茶炉的焊修、更换等检修标准；采暖管系、温水锅炉及水箱等部件的检修、试验要求；排水、排便筒、冲洗装置、污物箱及管路、伴热装置、控制系统等主要零部件检修、试验标准，真空集便装置常用设定值。

学习难点

掌握给水管系、水箱、燃煤茶炉、采暖管系、温水锅炉及水箱、排水、排便筒、冲洗装置、污物箱及管路等部件的检修、试验要求的同时，重点对真空集便系统的检修、试验标准及常用设定值进行学习。

学习基本方法与建议

直接学习法结合跟踪学习法，用理论学习加现场跟踪确认、试验的方式对检修标准和要求熟知。

给水管路进行注水试验和外观检查，不良时修复。各仪表按规定进行检修、校验，粘贴标记。

7.1 给水系统

7.1.1 给水管系

（1）给水管系及各阀、塞门进行状态检查，作用不良时分解检修或更换。

（2）各部水管腐蚀超过 50%时更换，漏水、变形时更换。各水管更换时，外露部分须使用不锈钢管，其余与原材质一致；各管组装后须留有 1 扣以上的完整螺纹。

（3）各管、固定卡及座安装牢固。

（4）注水口罩安装牢固，作用良好，涂刷规定颜色油漆。

7.1.2 水箱

（1）水箱注水检查，不漏水时可不分解。

（2）水箱漏水时检修，水箱挖补、截换时须用与原材料材质及厚度相同的板材。水箱焊修后进行注水试验，保持 5 min 无漏泄。

（3）水箱外露部分包裹层不良时修补。

（4）水箱固定螺栓紧固良好，安装梁无裂纹，状态良好。

（5）生活用水水位指示表须校验，校验合格后涂打检定年、月及校验单位简称，待组装上车注水试验后，在满水位位置粘贴红色指针标识。

7.1.3 试验

给水装置组装后须做注水试验，各部作用良好，无漏泄，各排水沟排水畅通；配件齐全，安装牢固，各托、卡无松动各阀手把标记须明显、正确；排水口须避开轴箱及转向架（可加装排水导管）。

7.2 燃煤茶炉

（1）燃煤茶炉清除内部水垢，注水检查，状态不良时下车检修。

（2）炉体表面除锈并涂防锈漆，腐蚀渗漏时挖补或截换，无法修复时更换。

（3）各阀及塞门作用良好。

（4）焊修后须进行 100 kPa 水压试验，保压 5 min 无漏泄。

（5）烟囱与隔热套间隔热材完整、紧密。烟囱口须高出烟囱帽安装座面 15 ~ 40 mm，不足时加长烟囱至符合要求，防火密封套安装牢固。防火隔热材料缺失、损坏者补充完整。

（6）排汽管须清除锈垢，安装牢固，排汽通畅。

（7）水位计状态良好。

（8）安装后，茶炉须进行焚火试验，燃烧状态良好。排气管伸出车体铁地板外，排气通畅。

（9）燃煤茶炉安装座腐蚀超过 30%、裂纹时焊修或更换，安装牢固，作用良好。

7.3 采暖系统

7.3.1 采暖管系

（1）各管腐蚀超过 50%时更换，丝扣连接部分须严密，不得漏水，丝扣部分组装时应缠麻，漏水时焊修或更换。各管紧固后须留有 1 扣以上的完整螺纹。各法兰盘连接处胶垫老化、破损漏水时更换胶垫。

（2）端门下部过道管外露部分清除锈垢，涂刷防锈漆。

（3）厕所内上部循环管隔热层包扎完整。

（4）顶棚、锅炉室内各闸阀及地板下面的排水阀作用不良时分解检修；其余各阀、塞门、锅炉排水栓及集尘器堵须分解检修，检修后作用良好。

7.3.2 温水锅炉及水箱

（1）锅炉须冲洗内部水垢，有腐蚀漏水时挖补或截换。

（2）膨胀水箱、锅炉室水箱外观检查，漏水时挖补或截换。

（3）水箱固定螺栓紧固良好，安装梁无裂纹，状态良好。

（4）车顶隔热套分解检查，烟筒周围须有厚度大于 40 mm 的隔热套（原设计无隔热材者除外）；散热罩及烟筒须伸出车顶外，车顶隔热套与顶板以及烟筒与罩座须严密无缝隙；烟囱安装时，烟囱及烟囱隔热套上部须伸出外顶板 75 ~ 200 mm，车外顶板有带法兰的安装座者其烟囱须伸出安装座 15 ~ 40 mm（特殊要求者除外），烟囱下部与炉体安装须严密牢固。防火隔热材料缺失、损坏者补充完整。

7.3.3 水泵

电动水泵下车检修试验，手动水泵分解检修，作用良好，无漏泄。

7.3.4 试验

温水取暖装置组装后须进行焚火及温水循环试验，1 h 内锅炉水温温升不低于 50℃，水泵功能正常，其他各部作用良好，不泄漏。

7.4 卫生系统

7.4.1 排水、排便筒

安装牢固，金属件腐蚀超过 30%、根部腐蚀超过 20%时更换，橡胶件破损、老化时更新。橡胶导筒须有卡环安装结构，卡箍须为不锈钢材质。

7.4.2 真空集便装置

真空集便装置各密封垫、橡胶接头、水增压器橡胶膜片状态不良时更新。

7.4.2.1 便 盆

（1）可拆解的冲洗喷嘴分解清洗，不良时更新，安装后调整喷嘴角度，保证冲洗作用良好。

（2）检查便盆各部状态良好，无变形、破损、漏泄。

7.4.2.2 冲洗装置

（1）水增压器、过滤减压阀、冲便阀配件齐全，作用良好，不良时分解检修或更换；管系连接无漏泄。

（2）各部无破损，作用不良时分解检修。

（3）排泄阀无破损，作用不良时分解检修，分解时更新橡胶件和压缩弹簧。

（4）止回阀分解清洗，作用不良时更换。

（5）具有臭气过滤器的真空发生器组件更换滤芯。

7.4.2.3 气、水管路

（1）各气、水管路安装牢固，管系老化、变形、龟裂、漏泄或不良时更新。水路软管颜色须为蓝色透明，气路软管颜色须为无色透明。

（2）清理气、水过滤器网，内部须无水垢、杂质，滤网不良时更新。

7.4.2.4 污物箱及管路

（1）污物管路进行清垢处理。污物箱及管路无漏泄，外包防护层无破损、缺钉、翘起，防寒层完整无缺损，防护层和防寒层破损时修补或重新包扎防护。销钉松动、丢失时重新拉铆铆钉，采用不锈钢铆钉，规格不小于 4 mm，铆钉须铆接在骨架上，间距 100 ~ 150 mm，不得松动、空铆。

（2）分解污物箱检查盖。检查盖橡胶垫圈 A2 修出现破损、老化、密封不严时更新，A3 修时更新。

（3）浮动开关组合不良时拆下分解检修，安装后作用良好。

（4）用 400 kPa 压力水经冲洗喷嘴冲洗污物箱内部。

（5）各球阀开启、关闭须正常。

（6）各真空管路须安装牢固，变形、破损、漏泄时更新

（7）吊装螺栓配件齐全，紧固无松动。

7.4.2.5 真空发生装置

（1）清洗真空发生器，作用不良时分解检修，真空开关设定值符合规定。摆门止回阀作用良好。

（2）检查过滤调压阀，作用不良时分解检修，安装后调整过滤调压阀压力值符合规定。

7.4.2.6 控制系统

（1）电气控制柜、气水控制盘和电控箱门锁、门止、折页、插销等齐全良好。A2 修时，柜（箱）门密封件破损、老化、密封不严时更新；A3 修时，各柜（箱）门密封件须更新。

（2）柜（箱）门开关灵活，关闭严密，无变形、破损、翘起，不良时调修。

（3）内部电器件接线须紧固，各部无烧损，配线排列整齐，信号显示正确，检查电气控制柜安装螺栓齐全，紧固无松动。

（4）清洁真空发生器控制柜内空气电磁阀外表面，通电检查，动作须正常。

7.4.2.7 伴热装置

污物箱电伴热装置进行绝缘测试，电伴热的冷态绝缘电阻值不小于 10 MΩ。

7.4.2.8 常用设定值

真空集便装置常用设定值如表 7-1 所示。

表 7-1 真空集便装置常用设定值

序号	项目		统型产品	EVAC2000P	Monogram
1	真空开关设定值	开启点	（－15 ±3）kPa	（－32±3）kPa	（4±1）英寸汞柱
2		关闭点	（－25±3）kPa	（－40±3）kPa	（8±1）英寸汞柱
3	温控器设定值	开启点	（3±1）℃	（3±1）℃	（4.4±1）℃
4		关闭点	（8±1）℃	（8±1）℃	（15.5±1）℃
5	压力开关设定值	工作值	300～350 kPa	—	≥430 kPa
6		保护值	≤300 kPa	—	≤400 kPa
7	过滤调（减）压阀设定值		一级（500±20）kPa 二级（350±20）kPa	（450±50）kPa	（500±20）kPa

7.4.2.9　试验

现车进行便器功能、真空度、真空保压、喷射器超时、液位显示、电加热试验。

巩固练习习题

1. 说明铁路客车给水管系段修的基本要求。
2. 简要说明客车水箱段修的基本要求。
3. 简要说明燃煤茶炉段时应注意的主要问题和关键部位的要求
4 简要铁路客车采暖系统段修时采暖管系的特殊要求
5 简要铁路客车温水锅炉及水箱的基本要求。
6. 简要铁路客车卫生系统中对排水、排便筒的要求。
7. 简述真空集便装置控制系统检修的基本要求。

8 车电装置

本节对车辆配线及接线端子、开关、插座、按钮、各型天线、伴热装置、附属装置的检查、检修标准进行了明确，同时对绝缘、电阻检测、整车车电落成试验等电气试验的试验方式和试验参数进行了明确。

学习重点

配线及接线端子、开关、插座、按钮等电气配件的检修标准，绝缘、电阻检测、整车车电落成试验等电气试验的试验方式及试验参数。

学习难点

掌握配线及接线端子、开关、插座、按钮等电气配件的检修标准的同时，重点掌握绝缘、电阻检测、整车车电落成试验等电气试验的试验参数。

学习基本方法与建议

直接学习法结合跟踪学习法，用理论学习加现场跟踪试验的方式对检修标准和要求熟知。

车体配线及附属装置，车内插座、开关及天线按以下要求检查、检修，其余部件按《铁路客车电气装置检修规则》要求检修。

8.1 配线及接线端子

（1）打开各分线盒、接线盒、检查盖，对可见配线、端子等部件进行外观检查，须符合以下要求：

① 配线绝缘层老化、油浸、烧损、变色时更换，配线受潮时须处理，局部硬伤、破损处进行绝缘处理或更换。

② 接线端子、接线柱及螺母外观良好，无变形、灼痕、氧化、裂纹；接线端子与配线压接牢固，线端线号清晰，与图纸一致；接线端子与接线柱安装牢固，防松标记清晰、无错位；接地线状态良好。

③ 防护管套无老化、破损，出线口、过墙、过梁、水箱及锅炉（茶炉）附近的配线须防护良好。金属套管腐蚀剩余厚度不足 50%时更换。

④ 接线板、接线排外观良好，安装牢固，无烧损、变色；绝缘板无裂损、碳化、老化；接线柱螺栓安装牢固；笼式端子状态良好。

（2）更新配线时，电力干线、信号线和线管、线槽内配线不得有接点；配线更新时，线径符合要求，并进行绝缘电阻测试和绝缘耐压测试。

（3）电气安装螺母紧固力矩须符合规定，紧固后涂打防松标记。

8.2　开关、插座、按钮

（1）各开关、插座、按钮分解面板状态检查，配件齐全，性能良好。

（2）检查可见接线端子及配线状态良好，无老化、破损、松脱、烧损、变色等缺陷。

（3）各开关、插座、按钮标识齐全、清晰、正确。

（4）通电试验，各开关、插座、按钮性能良好。

8.3　各型天线

车顶各天线及 U 形卡座状态检查：U 形卡座焊接牢固；天线安装牢固，功能正常，损坏时更新。

8.4　伴热装置

排便导筒及注水、排水伴热装置状态检查须良好，伴热装置对地冷态绝缘大于 20 MΩ，通电 5 min，表面有明显温升。伴热装置状态不良时更新，焊接或安装牢固，无开焊、松脱。

8.5　附属装置

（1）接线箱（盒）、分线箱（盒）清除内部尘垢，配件齐全，焊接或安装牢固，无开焊、松脱，变形时调修。折页、搭扣、门锁、插销等活动部件性能良好、开关灵活，加油润滑。

（2）箱（盒）体、线管（槽）腐蚀超过 50%时修补或更换，管卡（吊座）腐蚀超过 30%时更新。

（3）密封垫齐全，无老化、破损，密封良好。

（4）DC110 V 干线熔断器须兼具短路和过载保护功能，声光报警指示灯和复位按钮作用良好。

（5）电子标签安装良好。

8.6　绝缘、电阻检测

（1）在各车端连接器座处，检测各配线绝缘，在配电盘或控制柜接线排处，检测电气设备配线（缆）线间及对地绝缘，须符合表 8-1 的规定。

① 车端连接器座处绝缘检测范围为车下干线，包括车下贯通及车下至控制柜间的交、直流电源线。

② 配电盘或控制柜接线排处绝缘检测范围为至各电气装置的电源线（不含电气装置）线间及对地绝缘。

③ 发电车柴油发电机组 D、E、F 修时，检测发电机至发电车控制屏间配线（缆）线间及对地绝缘。

（2）各接地线连接状态良好，符合《铁路客车电气装置检修规则》要求，无特殊要求的，接地电阻值不大于 4 Ω；带轴端接地装置的车辆，保护电阻的冷态直流电阻为（75 ± 25）mΩ。

表 8-1 车体配线绝缘标准表 单位：MΩ

<table>
<tr><th rowspan="2">额定电压</th><th rowspan="2">兆欧表等级</th><th colspan="4">相对湿度</th></tr>
<tr><th>项目</th><th><60%</th><th>60% ~ 85%</th><th>>85%</th></tr>
<tr><td rowspan="2">DC600 V 配线
DC600 V /AC380 V 兼容配线</td><td rowspan="2">1 000 V</td><td>对地</td><td>≥2</td><td>2 ~ 0.5</td><td>≥0.5</td></tr>
<tr><td>线间</td><td>≥4</td><td>4 ~ 1</td><td>≥1</td></tr>
<tr><td rowspan="2">AC380 V/AC220 V 配线</td><td rowspan="2">1 000 V</td><td>对地</td><td>≥2</td><td>2 ~ 0.5</td><td>≥0.5</td></tr>
<tr><td>线间</td><td>≥4</td><td>4 ~ 1</td><td>≥1</td></tr>
<tr><td>AC100 V 以下配线
DC110 V/DC48 V/24 V 配线</td><td>500 V</td><td>—</td><td>≥2</td><td>2 ~ 0.38</td><td>≥0.38</td></tr>
<tr><td>通信系统配线</td><td>500 V</td><td>—</td><td>≥1</td><td>1 ~ 0.3</td><td>≥0.3</td></tr>
<tr><td colspan="6">相对湿度 60% ~ 85%时，按线性内插法计算最低限值。如：相对湿度为 70%，AC220 V 线间绝缘电阻要求须按下式计算：[（85% − 70%）×（4 − 1）/（85% − 60%）] + 1=2.8 MΩ，即相对湿度为 70%，AC220 V 线间绝缘电阻不低于 2.8 MΩ。</td></tr>
</table>

8.7 整车车电落成试验

（1）相序试验：各路干支线相序须一致，无缺相现象。

（2）各电气装置试验按《客车车电装置检修规则》相关要求执行。全部负载工作状态下，检查绝缘监测装置（漏电报警器）无报警，无绝缘监测装置（漏电报警器）时用 DC110 V/15 W 试漏灯对 DC110 V 系统配线，DC48 V/8 W 试漏灯对 DC48 V 系统配线正、负极对地进行绝缘测试，符合要求，以灯泡钨丝不红为准。

（3）电气接线温升检查。

负载通电试验 30 min 以上，检测电源转换箱、空调控制柜、照明控制柜、综合控制柜主接线排接线处，主接触器进、出线接线处，主空气开关进、出线接线处，及发电车配电柜主接线端头，空气断路器的进、出线接线处，冷却风扇接触器进、出线接线处等的温度，应符合下列要求：接线处温度不得高于环境温度 35 ℃，同一电器接线处各温度相差不大于 15 ℃。

（4）联网试验。

模拟车辆间联网播音正常，无混路现象，网线（烟火报警器、轴温报警器、防滑器、电源、空调等）Ⅰ路、Ⅱ路通信正常，信息显示正确。行车监控网络通信、制动监测网络通信、车载信息无线传输装置通信正常。

巩固练习习题

1. 简要说明铁路客车段时对配线及接线端子的基本要求。
2. 分别说明铁路客车段修时对电气开关、插座、按钮的特殊要求和注意事项。
3. 举例说明铁路客车段时绝缘、电阻检测的基本方法和主要技巧。
4. 简要铁路客车整车车电落成试验的基本方法与关键步骤。

9 油漆标记

本节对客车油漆的使用要求及各车型油漆的型号进行了明确，同时对客车内外部及车下部件的标识、标牌的标记格式及油漆型号进行了规定。

学习重点

客车油漆使用要求，客车内外部及车下各处标记格式及油漆型号规定。

学习难点

掌握油漆使用要求的同时，重点学习各处标记的格式及油漆型号的规定。

学习基本方法与建议

比较学习法、直接学习法结合跟踪学习法，掌握油漆使用要求的同时，现场跟踪确认各车型标记，同时比较各车型标记的差异。

9.1 油漆

车体外墙板、车顶外表面及车下箱体等悬吊件须清除锈垢，A2 修时可局部补漆；A3 修时 25T（19T）和 25G（600V）型客车可局部补漆，其他车型重新喷涂（有特殊要求者除外）。车底架防腐不良的彻底清除锈垢后局部补涂。

（1）外墙板油漆需符合以下要求：

① 腻子须修补平整，打磨光滑。

② 局部修补时须采用原漆种补涂，颜色相近，并进行过渡处理。

③ 喷涂后面漆须光洁，无流坠、橘皮、针孔等缺陷，各界线平直清晰。

（2）客车外部油漆颜色须符合以下要求：24 型、25 型（单层 25B、单层 25G、25K、25T、19K、19T）客车车体外皮（包括侧墙、侧门、端墙、外端门及风挡连接部、脚蹬、翻板底面）油漆主色为橄榄绿色（G06），车顶（包括雨檐）为中灰色（B02），车底（包括转向架、车下悬挂等）为黑色（RAL9017），车外窗框喷塑处理时颜色为海灰色（B05）或本色氧化，饰带为淡黄色（Y06），车体外部标记无特殊要求的为淡黄色（Y06），车下悬挂件标记无特殊要求的为白色（RAL9003）。双层客车、国际联运客车、行包快运车、内燃动车组各部油漆颜色及标记按原型涂打。

9.2 标记

A2 修时修改相应定检标记，A3 修时油漆标记重新涂打；标牌（铭牌）不清、损坏时修补或更换。

（1）客车内、外部须按规定涂打标记或安装各种标记牌，标记涂打字迹须清晰，字体连续，位置准确，无流坠、漆雾、断点；标牌（铭牌）安装牢固、字迹清晰。

（2）客车车下水箱注水口及罩须涂白色（RAL9003），温水取暖锅炉注水口涂红色（R03），油箱的注油口涂黄色（Y06）。温水取暖装置各水阀的手轮按表 9-1 涂色，无流坠。

表 9-1 暖气给水装置汽阀和水阀涂色

名称	涂色
排气阀	半红（R03）半蓝（PB06）
给水阀及验水阀	白（RAL9003）
温水排水阀	半黄（Y06）半蓝（PB06）
温水阀	黄（Y06）
冷水排汽阀	半白（RAL9003）半蓝（PB06）

（3）在车辆两端防攀盒正面从右向左竖向涂打“电化区段 严禁攀登”标记，字号为 70 号，字体为宋体；车底各风缸须涂打名称标记，侧门涂打“严禁敲击”标记，字号为 40 号，字体为宋体。

（4）检修完毕后，在车辆二、三位端涂打定检标记，定检标记位置为：车体端梁向上 800 mm 处为表格框下线位置（有登顶梯结构的在两梯中间位置涂打），车体侧墙向内 300 mm 处为表格线右线位置（受结构限制者可适当调整）；标记规格：外框表格线宽 3 mm，框内表格线宽 2 mm，字体为 40 号宋体，如图 9-1 所示。高于本次修程的标记应保留。

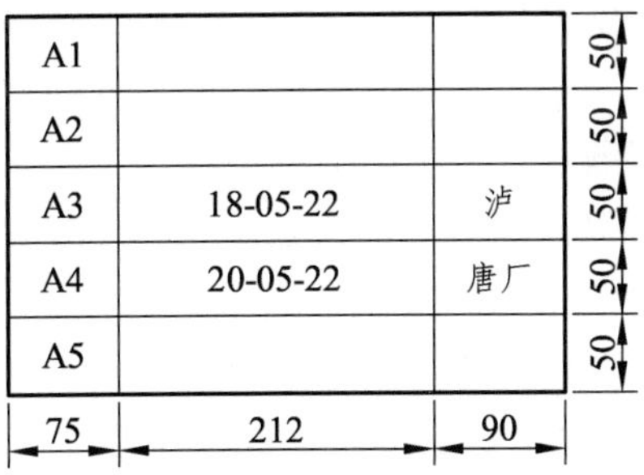

图 9-1 定检标记（A4、A5 修标记按实际发生修程涂打）

（5）安装客列尾装置的客车，在车体端墙二、三位角涂打客列尾装置标记，圆外径 85 mm，线宽 4 mm，采用 50 号宋体字。客列尾装置标记涂打位置，如图 9-2 所示。

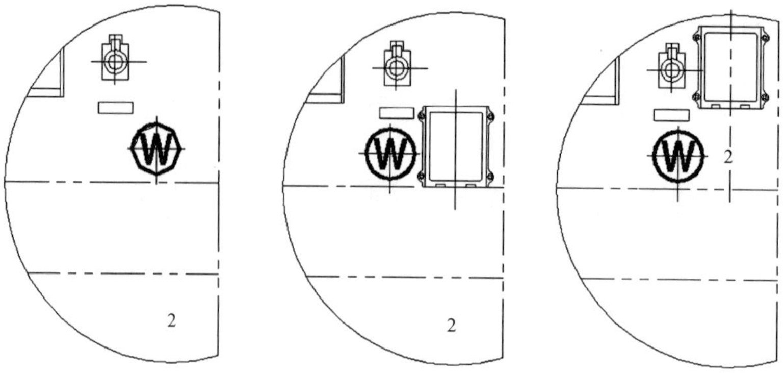

（a）　　（b）　　（c）

图 9-2　客列尾装置标记涂打位置

（6）无障碍设施车，在侧墙车号前后涂打无障碍设施标识。

（7）车端连接器座标记及颜色。

① DC600 V 连接器座（含首尾车空座）颜色为红色 R03，邻车供电连接器座为橘红色 R05，其余为淡灰色 B03。

② 名称标记如“DC600 V”“DC110 V”“AC380 V”“空座”“通信控制”“邻车供电”“电空制动”及接地标识等，除接地标识（见图 9-3）为红色（R03）外，其余同车端定检标记颜色。字体为 30 号宋体，字间距 4 mm，标记上边缘与各座下边缘间距 50 mm（受结构限制时除外）。

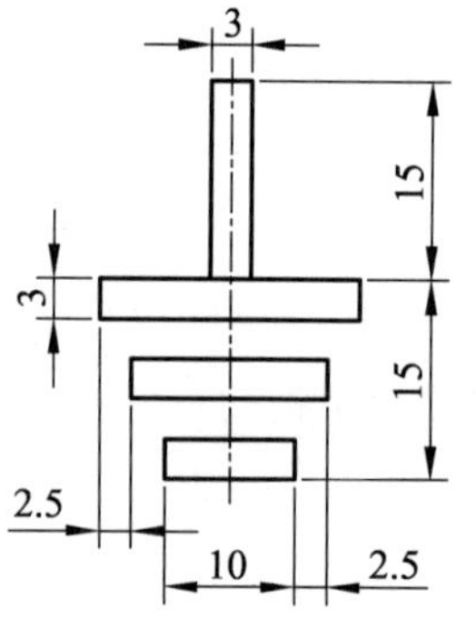

图 9-3　接地标识

（8）裙板上设备标记。

① 裙板相应位置涂打设备名称标记，字体采用 40 号宋体，字间距 5 mm。

② 设备功能说明标记字体采用 30 号宋体，字间距 4 mm。

（9）沿车钩钩舌外侧及钩头两侧以钩舌横截面高度 1/2 处为基准线，向下涂打宽度为 5 mm 的车钩中心线标记，颜色为白色（RAL9003）。

（10）制动折角塞门手把、制动供风管路截断塞门手把涂刷白色油漆（RAL9003）。

（11）在手制动机摇把上方墙板涂打手制动转向的标记（有铁质转向牌者除外）。其型式、尺寸须符合 TB/T 1.1 规定，手制动摇把手柄和标记颜色为红色（R03）。

（12）轴箱前盖外侧涂打轴箱位数标记，采用 60 号黑体字，颜色为白色（RAL9003）。

（13）防松标记涂打符合以下要求：

① M16 以下规格紧固件防松标记宽度为 1.5 ~ 3 mm，M16 及以上规格紧固件防松标记宽度 3 ~ 5 mm，标记涂打须连续，宽度均匀。

② 防松标记长度须覆盖整个螺母侧面，并向螺栓、被连接件各延伸 5 ~ 10 mm，螺母侧面和螺栓上标记方向平行于螺栓轴线方向，被连接件上的标记方向须与螺母侧面垂直，如图 9-4 所示。

③ 防松标记应涂打在利于观察的位置上，车电接线处防松标记颜色为红色，其余为白色或红色。

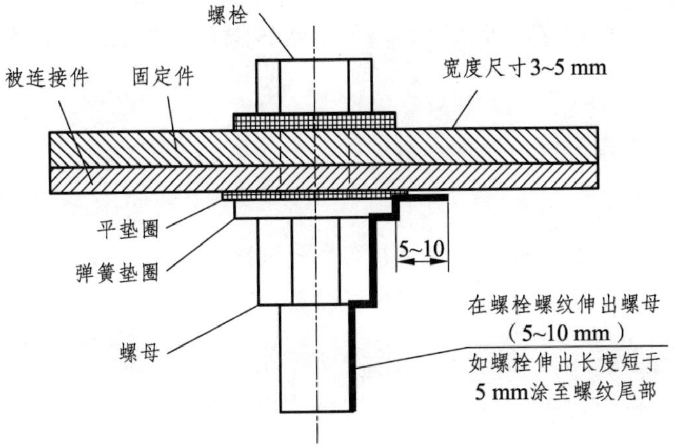

图 9-4　防松标记涂打示意图

（14）客车其他标记按照《铁道车辆标记　一般规则》（Q/CR 56）、《铁路旅客列车服务标识》（Q/CR 577）规定涂打。

巩固练习习题

1. 简要说明客车段修油漆的主要部位。
2. 铁路段修外墙板油漆的基本要求是什么?
3. 举例说明客车外部油漆颜色的要求
4. 举例说明客车段修时检修标记涂打的基本要求。
5. 举例说明典型的标记及内容

10 整车落成及试验

本节重点是对客车落成基本要求、转向架参数核定及相关试验数据参数的核定。

学习重点

掌握试验数据的关键数值；掌握设备设施的检测试验方法和手段。

学习难点

各型转向架参数之间的差异性，尤其是不同转向架同部位之间的差异项；试验关键项点的控制，采用对应试验手段和方法是否满足试验要求，试验标准不符时的采取的措施。

学习基本方法与建议

直接学习结合比较学习法，一是对比学习法：识别各车型及转向架等零部件检测数据及试验方法的差异项；二是直接观察学习法：对不同车型及零部件的组装及落成过程进行观察，是否满足一次性组装到位，是否满足数据测量和试验的基本要求；三是校核：对整车落成和试验数据须逐一进行校核，对存在数据不合格项，须找准原因并予以调整，必要时重新进行检修组装。

10.1 整车落成

10.1.1 基本要求

（1）在枕外距枕梁中心（200 ± 20）mm 的车顶雨檐下平面（或侧墙顶部）至侧墙板下边缘测量车体左右倾斜，不大于 30 mm。

（2）转向架上各配线须安装牢固并留有适当的余量，保证在车辆运行中不被拉张，不磨碰。

（3）心盘承载客车，上、下心盘边缘的垂直间隙不小于 3 mm；同一转向架上、下旁承间隙两侧之和为 4 ~ 6 mm，两侧均不得密贴。

（4）抗侧滚扭杆装置与车体底架连接的客车，抗侧滚扭杆连杆须在找平后空气弹簧处于充气状态下连接。安装时不允许用螺栓紧固来消除间隙。一侧连杆与扭臂接触，另一侧连杆与对应侧扭臂间隙大于 1 mm 时，须加垫调整。

（5）盘形制动客车构架上单元制动缸限位螺栓无松动，限位螺栓与单元制动缸间隙为 2 ~ 10 mm。

（6）装用空气弹簧的客车，总风系统压力达（600 ± 10）kPa 后对空气弹簧及其供风管路进行保压试验，保压 10 min 漏泄不超过 10 kPa（或以空气弹簧工作高下降不大于 3 mm 来判定）。装用空气弹簧的客车找平后，若车体与转向架分离，不得改变高度阀调节杆长度，否则须重新找平。

（7）转向架各垂下件与轨面距离不小于 60 mm（闸瓦插销不小于 70 mm），电器装置不小于 100 mm。

（8）转向架上部与车体底架下部各零部件的垂直距离：横梁（或制动横梁）以内（含横梁）不小于 50 mm（手制动拉杆、手制动钢丝绳、摇枕与枕梁之间零部件除外）；横梁（或制动横梁）以外不小于 75 mm（CW-200K、SW-220K 型转向架不小于 60 mm，分线盒箱体与构架不小于 50 mm）；对二系悬挂采用钢簧的转向架，线管及空气制动管与轮缘、制动盘距离须大于 100 mm。

（9）落成找平时，按规定力矩紧固各紧固件，并涂打防松标记。

10.1.2 车钩缓冲装置落成

车钩缓冲装置装车前，确认车体防跳板状态良好。

（1）风挡缓冲板外侧面与钩舌外侧面距离为 13 ~ 35 mm（密接式车钩、折棚风挡除外）。测量钩舌与钩腕内侧面距离，闭锁位置不大于 130 mm，全开位置不大于 245 mm；小间隙钩舌闭锁位置不大于 120 mm。

（2）钩提杆落在钩提杆座内，顺时针拉紧钩提杆，钩提杆与下锁销连杆之间距离大于 15 mm，钩提杆与提杆座凹槽配合间隙不大于 2 mm。

（3）测量车钩高度（有空气弹簧的须充至工作高度），15 号系列车钩（含托梁式车钩）的中心线上沿至钢轨面的垂直距离为 860 ~ 890 mm。密接式车钩圆锥顶尖至钢轨面的垂直距离为 850 ~ 880 mm。

（4）同一辆车两端钩高差：15 号系列车钩（含托梁式车钩）不大于 10 mm，密接式车钩不大于 30 mm；一端为密接钩、另一端为托梁钩的不大于 40 mm。

（5）钩身上部与冲击座下部间隙为 20 ~ 48 mm。

（6）密接式车钩调整钩高时可加不超过 2 块，总厚度不大于 10 mm 的垫板。

10.1.3 转向架落成

10.1.3.1 209T、209P、206G、206P 型转向架

（1）转向架落成后，摇枕吊须入槽，摇枕吊轴与吊组装正位，各摇枕吊受力状态良好，不得上下窜动。

（2）车体找平后，车辆处于缓解状态时，调整摇枕同一端两侧与构架摇枕吊座之间的间隙差不大于 5 mm 时，紧固牵引拉杆（不得以其调整摇枕偏移量）。

（3）转向架构架两端外侧的导柱安装面与轨面垂直距离：同一转向架左右差不大于 10 mm，前后差不大于 12 mm。

（4）同一轴箱圆弹簧高度差不大于 6 mm（全车找平后测量允许加不超过 10 mm 铁垫调整 1 块），支持环下边缘与轴箱弹簧座上边缘间隙不小于 5 mm，如图 10-1 所示。

（5）可在轴箱弹簧装置下方，加总厚度不大于 10 mm 且数量不超过 1 块的调整铁垫。209T/P 型转向架摇枕弹簧允许在弹簧夹板与弹簧之间加厚度不大于 6 mm 的调整铁垫（为补

偿不同车重造成的弹簧高差而预添加的设计结构垫除外）。206G/P 型转向架允许在弹簧夹板与原结构橡胶垫（厚度 10 mm）之间加 1 块厚度不大于 12 mm 的调整橡胶垫。

（6）转向架构架侧梁底面与轴箱体顶部的距离不小于 38 mm（包括轴温报警器传感器）。

（7）转向架上部与车体底架下部各零部件的垂直距离：横梁（或制动横梁）以内（含横梁）不小于 50 mm（手制动拉杆、手制动钢丝绳、摇枕与枕梁之间零部件除外）；横梁（或制动横梁）以外不小于 75 mm，分线盒箱体与构架不小于 50 mm；线管及空气制动管与轮缘、制动盘距离须大于 100 mm。

（8）转向架各垂下件与轨面距离不小于 60 mm（闸瓦插销不小于 70 mm），电器装置不小于 100 mm。

（9）同一转向架上、下旁承间隙两侧之和 4 ~ 6 mm（每侧不得密贴）。

（10）构架上单元制动缸限位螺栓与单元制动缸间隙 2 ~ 10 mm（盘型制动客车）。

（11）心盘承载客车上、下心盘边缘的垂直间隙不小于 3 mm。

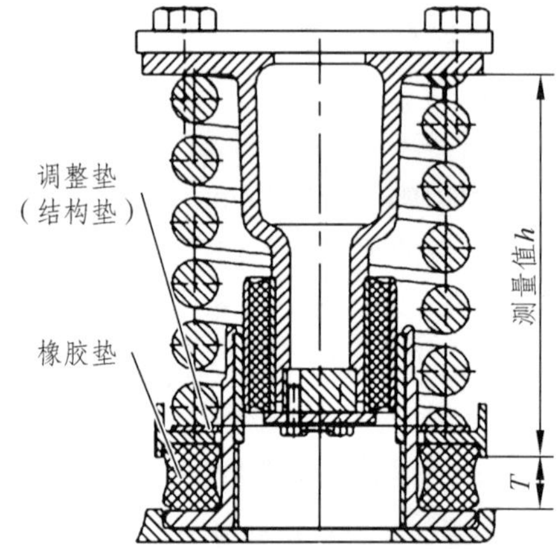

图 10-1　轴箱弹簧高度测量示意图

10.1.3.2　209PK 型转向架

（1）落成后，空气弹簧工作高度为 192 ~ 200 mm。

（2）空气弹簧处于工作高度时，测量构架两端外侧的导柱安装面与轨面垂直距离：同一转向架左右差不大于 10 mm，前后差不大于 12 mm。

（3）可在轴箱弹簧装置缓冲胶垫下方，加总厚度不大于 10 mm 且数量不超过 2 块的调整铁垫。

（4）同一轴箱圆弹簧高度差不大于 6 mm（全车找平后测量允许加不超过 10 mm 的铁垫调整），支持环下边缘与轴箱弹簧座间隙不小于 5 mm。

（5）转向架构架侧梁下部与轴箱体顶部的距离不小于 38 mm（包括轴温报警器传感器）。

（6）转向架上部与车体底架下部各零部件的垂直距离：横梁（或制动横梁）以内（含横梁）不小于 50 mm（手制动拉杆、手制动钢丝绳、摇枕与枕梁之间零部件除外）；横梁（或制动横梁）以外不小于 75 mm，分线盒箱体与构架不小于 50 mm；线管及空气制动管与轮缘、制动盘距离须大于 100 mm。

（7）构架上单元制动缸限位螺栓与单元制动缸间隙 4 ~ 6 mm（盘型制动客车）。

10.1.3.3 209HS 型转向架

（1）在空气弹簧无压力时，车钩高为（855 ± 5）mm，不足时可用旁承垫进行调整，中心销圆锥面端部与橡胶钢套端部不得接触；将空气弹簧充气至高度 196^{+4}_{-0} mm（包括 4 mm 厚橡胶垫）时，构架侧梁下平面与摇枕垂向间隙不小于 35 mm；落成后，空气弹簧工作高度为（193 ± 7）mm，同一转向架两侧空气弹簧高度差不大于 10 mm。

（2）在空气弹簧处于工作高度时，测量构架两端外侧的导柱安装面与轨面垂直距离：同一转向架左右差不大于 10 mm，前后差不大于 12 mm。

（3）可在轴箱弹簧装置缓冲胶垫下方，加总厚度不大于 10 mm 且数量不超过 1 块的调整铁垫，如图 10-2 所示。

（4）全车落成找平后，同一轴箱弹簧高度差不大于 6 mm，同一转向架轴箱弹簧高度差不大于 8 mm。

（5）轴箱两侧下部定位器防松吊座螺栓紧固时须使定位器与导柱止口密贴。

（6）转向架构架侧梁下部与轴箱体顶部的距离不小于 38 mm（包括轴温报警器传感器）。

（7）转向架上部与车体底架下部各零部件的垂直距离：横梁（或制动横梁）以内（含横梁）不小于 50 mm（手制动拉杆、手制动钢丝绳、摇枕与枕梁之间零部件除外）；横梁（或制动横梁）以外不小于 75 mm，分线盒箱体与构架不小于 50 mm。

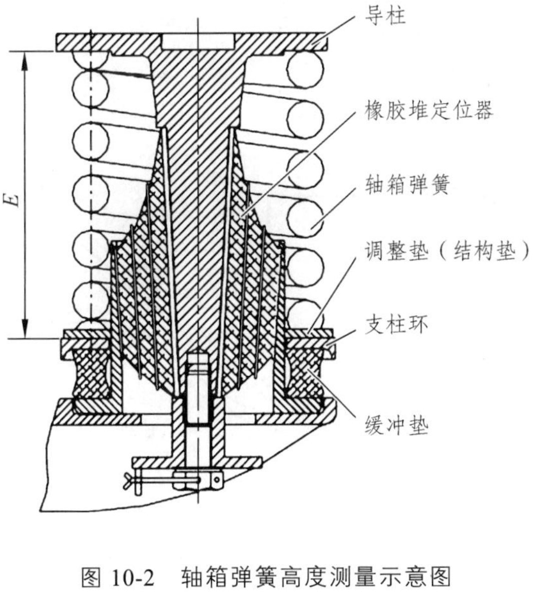

图 10-2 轴箱弹簧高度测量示意图

10.1.3.4 CW-2（1）型转向架

（1）落成后，空气弹簧工作高度为（150 ± 3）mm。同一转向架两侧之差不大于 3 mm。

（2）在空气弹簧处于工作高度时，测量构架定位座下表面至轨面高度：同一转向架高度差不大于 4 mm。

（3）可在轴箱弹簧和上定位座之间加 1 块不大于 5 mm，弹簧下方加不超过 2 块，总厚度不大于 10 mm 调整铁垫，加垫时优先加在弹簧下方。

（4）摇枕距构架下平面距离：CW-2 型转向架为（45 ± 3）mm，CW-1 型转向架为（29 ± 3）mm[测量基准块到构架下平面距离，无基准块车辆为（37 ± 3）mm]。

（5）测量构架侧梁底面与轴箱体顶部间隙，不得小于 30 mm（包括轴温报警器传感器）。

（6）转向架上部与车体底架下部各零部件的垂直距离：横梁（或制动横梁）以内（含横梁）不小于 50 mm（手制动拉杆、手制动钢丝绳、摇枕与枕梁之间零部件除外）；横梁（或制动横梁）以外不小于 75 mm，分线盒箱体与构架不小于 50 mm。

10.1.3.5 SW-160（H）型转向架

（1）整车落成时，空气弹簧上盖与底座须正位。测量空气弹簧上平面与构架测量基准上平面高度为（0 ± 5）mm，同一转向架两侧之差不大于 3 mm，如图 10-3 所示。

（2）在空气弹簧处于工作高度时测量构架弹簧支撑座上表面至轨面高度：同一转向架左右差不大于 10 mm，前后差不大于 12mm。

（3）可在轴箱弹簧装置缓冲胶垫下方，加总厚度不大于 8 mm 且数量不超过 2 块的调整铁垫。

（4）轮对提吊与定位转臂挡座处的间隙不小于 12 mm。

（5）转向架上部与车体底架下部各零部件的垂直距离：横梁（或制动横梁）以内（含横梁）不小于 50 mm（手制动拉杆、手制动钢丝绳、摇枕与枕梁之间零部件除外）；横梁（或制动横梁）以外不小于 75 mm，分线盒箱体与构架不小于 50 mm。

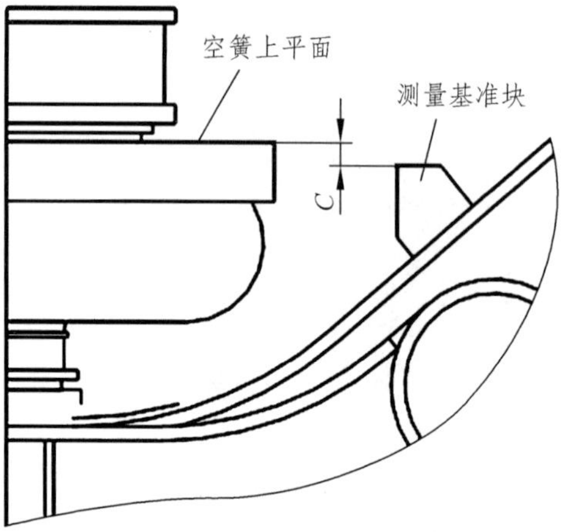

图 10-3 空气弹簧高度测量示意图

10.1.3.6 CW-200（K）型转向架

（1）空气弹簧充气后，构架上的测量基准面与空气弹簧上平面距离须为：采用ϕ630 mm 空气簧（长客股份 2004 年制造的邮政车除外）为[（130 + t）± 3] mm，其余为[（150 + t）± 3] mm（其中 t 指空气弹簧下平面调整垫厚度，不大于 25 mm，数量不超过 2 块，加垫后须保证油压减振器防尘罩端高于另一端），车体两侧空气弹簧高度差不大于 3 mm。

（2）在空气弹簧处于工作高度时测量转臂定位座下加工面至轨面垂直距离：同一转向架四角高差不大于 4 mm。

（3）可在轴箱弹簧装置下方加总厚度不大于 10 mm 且数量不超过 2 块的调整铁垫。

（4）横向止挡与纵向梁挡板之间间隙每侧为（40 ± 2）mm。

（5）轮对提吊上部间隙不小于 30 mm，下部间隙不小于 40 mm。

（6）空气弹簧充风至工作高度时，防过充钢丝绳余量不小于 30 mm。

（7）牵引拉杆锁紧板与定位块下表面间隙须大于 1 mm。

（8）转向架上部与车体底架下部各零部件的垂直距离：横梁（或制动横梁）以内（含横梁）不小于 50 mm（手制动拉杆、手制动钢丝绳、摇枕与枕梁之间零部件除外）；横梁（或制动横梁）以外不小于 60 mm，分线盒箱体与构架不小于 50 mm。

10.1.3.7　SW-220K 型转向架

（1）空气弹簧工作高度下，构架上的测量基准面与空气弹簧上平面距离为[（320 + t）± 3]mm（其中 t 指空气弹簧调整垫厚度，不大于 30 mm；t 在 16 ~ 30mm 范围时，在牵引销的安装面加 15 mm 的铁垫板），同一转向架两侧空气弹簧高度差不大于 3 mm。

（2）在空气弹簧处于工作高度时测量基准块至轨面垂直距离：同一转向架左右差不大于 8 mm，前后差不大于 10 mm。

（3）可在轴箱弹簧装置缓冲胶垫下方，加总厚度不大于 8 mm 且数量不超过 2 块的调整铁垫。

（4）横向止挡与纵向梁挡板之间间隙每侧为（40 ± 2）mm，两侧之和为（80 ± 2）mm。

（5）轮对提吊间隙不小于 15 mm。

10.1.3.8　AM96 型转向架

（1）空气弹簧充气状态下，转向架空气弹簧盖板（包括调整板厚度）距轨面高度为 1020^{+2}_{-5} mm，两侧高度差不大于 4 mm。不足时，优先在空气弹簧座处加数量不超过 3 块，总厚度不超过 18 mm 的调整垫调整，仍不足时在空气弹簧上盖板处加数量不超过 2 块，总厚度不大于 36 mm 的铁垫调整。空气弹簧充气与排气时空气弹簧盖板（包括调整板厚度）距轨面高度差为 30 ~ 35 mm。

（2）空气弹簧处于工作高度时测量基准块至轨面垂直距离：同一转向架左右差不大于 8 mm，前后差不大于 10 mm。

（3）可在轴箱弹簧装置缓冲胶垫下方，加总厚度不大于 6 mm 的调整铁垫。

（4）转向架牵引销与横向止挡间隙每侧为（20 ± 2）mm，两侧之和为（40 ± 2）mm；纵向间隙为 13 ~ 17 mm。

（5）轮对提吊间隙不小于 35 mm。

（6）抗侧滚扭杆装置：车辆找平后连接抗侧滚扭杆的连杆与扭臂，单侧间隙超过 1 mm 时，须在一侧加垫调整（数量不大于 2 块，总厚度不大于 5 mm）。青藏车组装力矩为（173 ± 10）N·m，如图 10-4 所示；平原车组装力矩为（200 ± 10）N·m，如图 10-5 所示。

（7）转向架上部与车体底架下部各零部件的垂直距离：横梁（或制动横梁）以内（含横

梁）不小于 50 mm（手制动拉杆、手制动钢丝绳、摇枕与枕梁之间零部件除外）；横梁（或制动横梁）以外不小于 75 mm，分线盒箱体与构架不小于 50 mm。

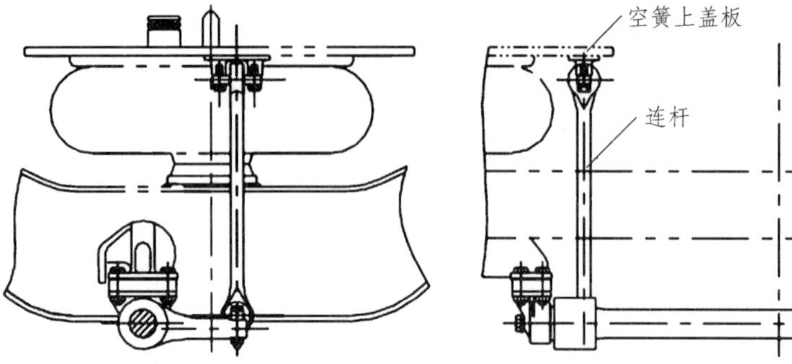

图 10-4　青藏车抗侧滚扭杆安装示意图

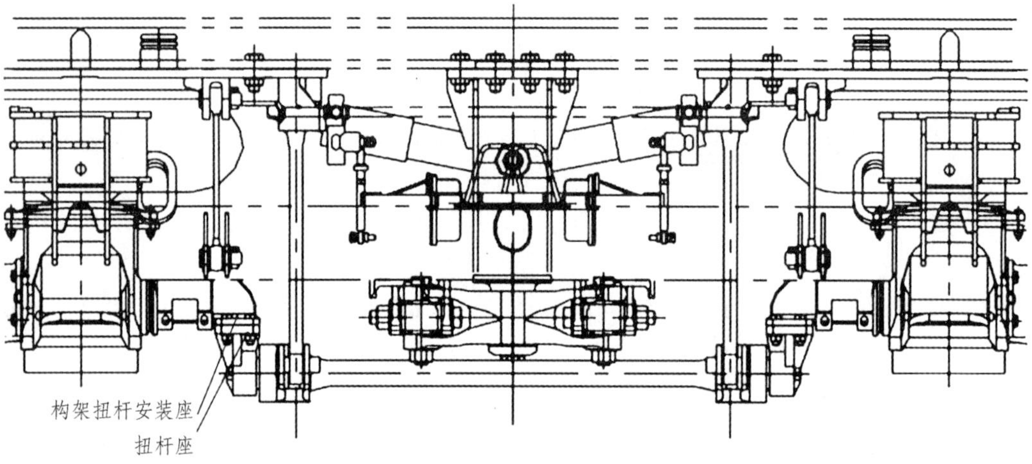

图 10-5　平原车抗侧滚扭杆安装示意图

10.1.3.9　PW-220K 型转向架

（1）空气弹簧上平面到构架基准块高度为[（398 + t）± 3] mm（其中 t 指空气弹簧下座调整垫厚度），同一转向架两空气弹簧高度差不大于 3 mm。调整钩高时，可在上盖板处加数量不超过 2 块总厚度不大于 20 mm 的铁垫，也可在下座加数量不超过 2 块总厚度不大于 10 mm 的铁垫（优先在上盖板处加垫调整，调整垫插口须朝内放置）。

（2）测量定位转臂节点螺栓中心孔距离轨面高度，要求同一轮对两侧高差不大于 5 mm，同一转向架高差不大于 6 mm。允许在轴箱弹簧下加数量不大于 2 块且总厚度不大于 4 mm 的调整铁垫。

（3）可在轴箱弹簧上夹板上方或缓冲胶垫下加总厚度不大于 4 mm 且数量不超过 2 块的铁垫调整。

（4）横向止挡与中心销止挡座间隙每侧须为（20 ± 3）mm，可在横向止挡与中心牵引销之间加垫调整。

（5）轮对提吊与定位转臂间隙不小于 35 mm。

（6）空气弹簧加垫后应满足如下要求：抗侧滚扭杆的扭臂上平面与构架横梁下平面间隙不小于 20 mm，允许在抗侧滚扭杆连杆与扭臂之间添加数量不大于 2 块且总厚度不大于 10 mm 的铁垫，如图 10-6 所示。

（7）车辆找平后连接抗侧滚扭杆的连杆与扭臂，单侧间隙超过 1 mm 时须加垫调整（加垫总数量不大于 2 块）。连杆安装如图 10-7 所示。

（8）为提高 PW-220K 转向架运行品质，更换轴箱弹簧，其工作高由原 288 mm 改为 270 mm，可在轴箱弹簧下加 15 mm 橡胶垫，原 5 mm 结构垫改为 2 mm，增加弹簧下夹板，原上夹板外圈定位尺寸由 $\phi 180$ mm 改为 $\phi 176$ mm。

（9）转向架上部与车体底架下部各零部件的垂直距离：横梁（或制动横梁）以内（含横梁）不小于 50 mm（手制动拉杆、手制动钢丝绳、摇枕与枕梁之间零部件除外）；横梁（或制动横梁）以外不小于 75 mm，分线盒箱体与构架不小于 50 mm。

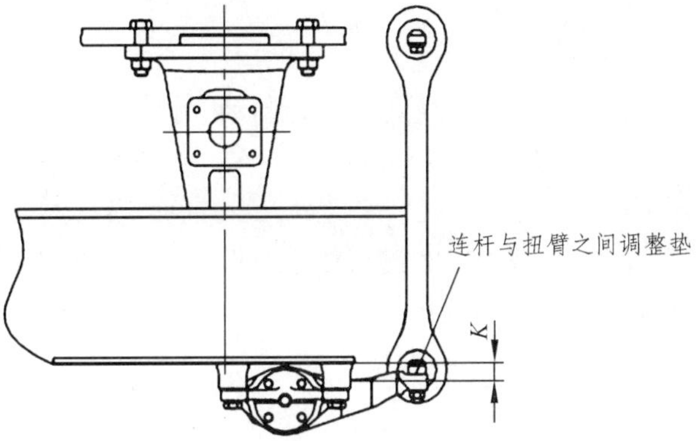

图 10-6　牵引销或连杆加垫示意图

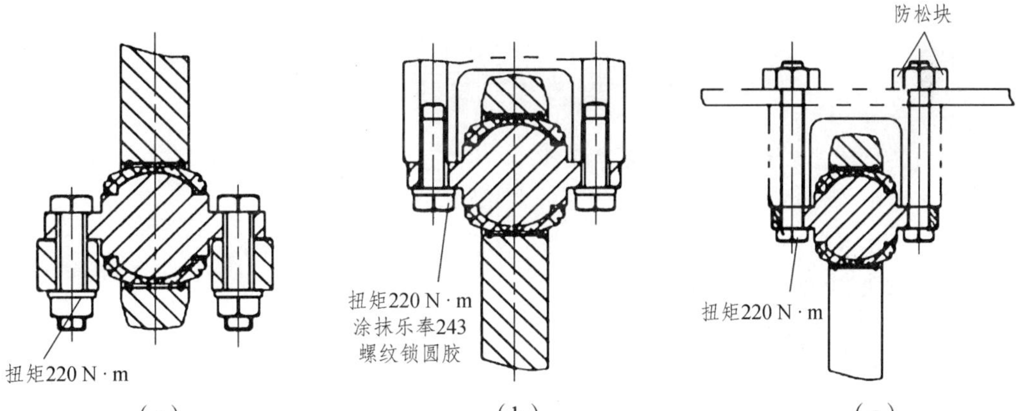

图 10-7　连杆安装示意图

10.1.4　基础制动装车要求

（1）折角塞门安装后须与铅垂线呈 30° 夹角，如图 10-8 所示（国际联运车等特殊车型参照原型结构）。

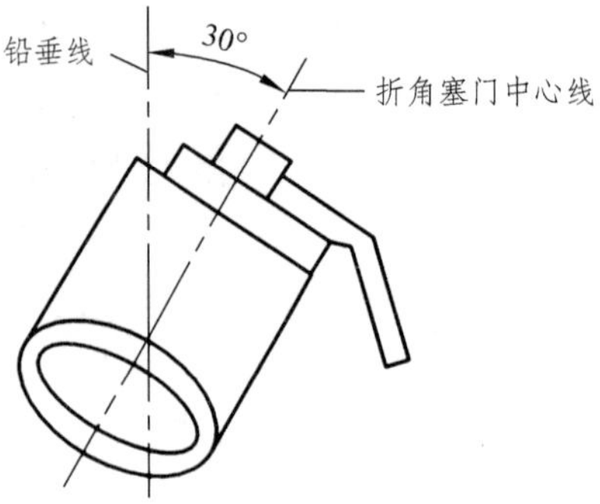

图 10-8　折角塞门安装角度示意图

（2）制动软管连接器口平面须与车体中心线呈 45°夹角。

10.2　试验

10.2.1　制动、供风试验

按照《铁路客车空气制动装置检修规则》进行制动、供风装置单车试验。

10.2.2　车内设备试验

按照 6.2 进行塞拉门试验；按照 7.1.3 进行注水试验；按照 7.2、7.3.4 进行锅炉焚火试验；按照 7.4.2.9 进行真空集便器试验。各侧门、风挡门、窗、锁开闭试验，须开闭灵活，锁闭作用良好。

10.2.3　电气装置试验

按照 8.6 进行绝缘和电阻检测；按照 8.7 进行电气试验。

巩固练习习题

1. 铁路客车段修后整车落成的基本要求。
2. 铁路客车段修后车钩缓冲装置的落成要求。
3. 铁路客车段修后 209T、209P、206G、206P 型转向架落成要求。
4. 简要说明 209PK 型转向架落成要求。
5. 简述 209HS 型转向架落成要求。
6. 简述 CW-2（1）型转向架落成要求。
7. 简述 SW-160（H）型转向架落成要求。
8. 简述 SW-220K 型转向架落成要求。
9. 简述 AM96 型转向架落成要求。
10. 简述铁路客车段修后对基础制动装车要求。
11. 简述客车段修后的主要试验内容及方法。

附件A　转向架检修限度表

<table>
<tr><th>序号</th><th colspan="2">项目</th><th>限度</th><th>备注</th></tr>
<tr><td colspan="5">一、基本要求</td></tr>
<tr><td>1</td><td colspan="2">与车体连接的牵引拉杆座、抗侧滚扭杆座和抗蛇行减振器座腐蚀深度</td><td>≤30%</td><td></td></tr>
<tr><td>2</td><td colspan="2">衬套（销孔）内孔直径磨耗量（摇枕吊衬套除外）</td><td>≤1</td><td>衬套凸出基体表面不大于1 mm、凹入深度不大于2 mm</td></tr>
<tr><td>3</td><td colspan="2">钢丝绳有断股或断丝数量</td><td>≤10%</td><td></td></tr>
<tr><td>4</td><td colspan="2">构架上盲孔螺纹修复用钢丝螺套的基孔螺纹大径到母材边缘距离</td><td>>10</td><td></td></tr>
<tr><td colspan="5">二、构架</td></tr>
<tr><td>1</td><td colspan="2">构架腐蚀深度</td><td>≤30%</td><td></td></tr>
<tr><td>2</td><td colspan="2">构架上各种吊座、补强板腐蚀</td><td>≤30%</td><td></td></tr>
<tr><td rowspan="3">3</td><td rowspan="3">轴驱电机</td><td>电机安全吊腐蚀深度</td><td>≤20%</td><td></td></tr>
<tr><td>电机支座磨耗</td><td>≤2</td><td></td></tr>
<tr><td>电机吊销、杠杆固定销轴磨耗</td><td>≤1</td><td></td></tr>
<tr><td>4</td><td colspan="2">横向控制杆定位销开口销孔磨耗量</td><td>≤2</td><td>CW-2</td></tr>
<tr><td>5</td><td colspan="2">构架、摇枕上的磨耗板厚度</td><td>≥2</td><td></td></tr>
<tr><td colspan="5">三、轴箱定位装置</td></tr>
<tr><td rowspan="3">1</td><td rowspan="3">转臂、轴箱节点装置</td><td>轮对提吊腐蚀深度</td><td>≤30%</td><td></td></tr>
<tr><td>转臂节点锁紧板弯曲变形</td><td>≤2</td><td>CW-200（K）</td></tr>
<tr><td>转向架轴箱定位套与转臂圆孔配合过盈量</td><td>0.1～0.2</td><td>CW-200（K）</td></tr>
</table>

续表

序号	项目		限度	备注
2	导柱及附件	导柱扁销孔长度或宽度方向磨耗	≤2	
		导柱扁销磨耗、腐蚀	≤3	
		导柱摩擦套磨耗	≤1	
		定位座摩擦套磨耗	≤1	
		支持环腐蚀、磨耗深度	≤50%	
3	转向架横向控制杆	横向控制杆、垫板腐蚀深度	≤30%	
四、摇枕及悬吊装置				
1	摇枕	摇枕上各部位及各安装座腐蚀深度	≤30%	
		钢弹簧座下平面锈蚀深度	≤3	
		中心销橡胶套距中心销座上平面距离	44±4	209HS
			0_{-3}^{+2}	CW-2（1）
			62_{-3}^{+2}	SW-160
2	弹簧托梁（板）	腐蚀深度	≤30%	
		弯曲变形	≤10	
		弹簧托梁连杆腐蚀深度	≤20%	209HS、209PK
		弹簧托梁连杆端轴直径磨耗	≤2	
		两吊轴安装孔中心距之差	≤2	209HS 重新组装后测量
		两吊轴安装孔对角线长度之差	≤3	209HS 重新组装后测量
3	抗侧滚扭杆	扭杆端轴直径磨耗	≤2	
		扭杆弯曲	≤8	
		杆身腐蚀深度	≤2	
		安全吊、连杆安全托腐蚀深度	≤30%	

续表

序号	项目		限度	备注
4	旁承	旁承滑块油槽深度	≥3	心盘承载客车
		旁承滑块须凸出旁承座高度	>8	心盘承载客车
		上旁承变形或偏磨	≤2	心盘承载客车
		上旁承磨耗板偏磨	≤2	SW-160（H）、CW-2（1）、209HS
		下旁承磨耗板偏磨	≤1	SW-160（H）、CW-2（1）、209HS
		下旁承磨耗板突出旁承座	≥5	SW-160（H）、CW-2（1）、209HS
		下旁承磨耗板剩余厚度	≥25	SW-160（H）
		下旁承磨耗板剩余厚度	≥14	CW-2（1）
		下旁承磨耗板散热槽剩余深度	≥1	209HS
5	摇枕吊及销	消除缺陷后凹入深度	≤2	
		衬套磨耗量	≤2	209T（P）、209PK，镶套后局部间隙不大于 1 mm，深度不大于 5 mm
		摇枕吊销磨耗	≤3	
6	转向架摇枕吊孔支承处	断面高度	≥48	206G（P）
		侧面厚度	≥32	206G（P）
7	摇枕吊上下孔磨耗面距离之差	同一转向架	≤3	209T（P）、209PK、206G（P）
		同一侧	≤2	209T（P）、209PK、206G（P）
		同一组	≤0.5	206G（P）
8	摇枕吊轴	摇枕吊轴轴颈磨耗	≤11	
		摇枕吊轴轴颈根部圆弧半径	≥2	
		摇枕吊轴轴端挡边磨耗剩余厚度	≥8	
		摇枕吊轴消除缺陷后凹入深度	≤2	

续表

序号	项目			限度	备注
8	摇枕吊轴	同一根摇枕吊轴轴颈磨耗差		≤2	
9	支承板、圆台支承板、摇枕吊环座	摇枕吊销处支承板、圆台支承板孔径磨耗		≤3	
		同一摇枕吊销处支承板、圆台支承板孔径相差		≤1	
		吊环座支承处厚度		≥5	组装时同一侧厚度差不大于 1 mm，同一组不大于 0.5 mm
10	横向拉杆套管弯曲变形			≤2	CW-2（1）
11	横向拉杆套管腐蚀深度			≤3	CW-2（1）
12	各安全吊腐蚀深度			≤30%	
13	空气弹簧防过充横向梁腐蚀深度			≤30%	SW-160（H）
14	纵向牵引拉杆	弯曲变形		≤4	
		套管弯曲变形		≤2	CW-2（1）
		套管腐蚀深度		≤3	
15	心盘	上心盘直径磨耗		≤6	
		下心盘直径磨耗		≤4	
		上下心盘直径差		≤8	
16	中心销	直径磨耗		≤3	
17	钢弹簧	弹簧组装螺栓磨耗、腐蚀		≤2	
		弹簧腐蚀		≤6%	
		弹簧夹板中心孔磨耗		≤2	
		弹簧夹板腐蚀		≤30%	
		绝缘套磨耗		≤2	
		轴箱弹簧载荷试验高度差	同一轮对及转向架同一侧	≤3	25K/Z/T 型客车

续表

<table>
<tr><th>序号</th><th colspan="3">项目</th><th>限度</th><th>备注</th></tr>
<tr><td rowspan="8">17</td><td rowspan="8">钢弹簧</td><td rowspan="3">轴箱弹簧载荷试验高度差</td><td>同一转向架</td><td>≤5</td><td></td></tr>
<tr><td>同一轴箱</td><td>≤4</td><td rowspan="2">非 25K/Z/T 型客车</td></tr>
<tr><td>同一转向架</td><td>≤8</td></tr>
<tr><td rowspan="2">枕簧载荷试验高度差</td><td>同一侧</td><td>≤4</td><td rowspan="2">非 25K/Z/T 型客车</td></tr>
<tr><td>同一转向架</td><td>≤6</td></tr>
<tr><td rowspan="3">轴箱弹簧预压缩组装高</td><td>SW-160（H）</td><td>262±2</td><td>不含上下夹板</td></tr>
<tr><td>CW-200（K）</td><td>310±2</td><td>含上下夹板，下夹板无硫化橡胶的为（300±2）mm</td></tr>
<tr><td>SW-220K</td><td>270±2</td><td>不含上下夹板</td></tr>
<tr><td colspan="6">五、中央牵引装置</td></tr>
<tr><td rowspan="4">1</td><td rowspan="4">牵引拉杆</td><td colspan="2">牵引拉杆表面纵向裂纹深度</td><td>≤2</td><td>横向裂纹时报废，纵向裂纹不超限时打磨消除并圆滑过渡，超限时报废。SW-220K的裂纹时报废</td></tr>
<tr><td colspan="2">牵引拉杆磨痕深度</td><td>≤3</td><td>不超限时打磨消除并圆滑过渡，超限时报废；SW-220K的磕碰伤深度大于 2 mm 时报废</td></tr>
<tr><td colspan="2">牵引拉杆孔划伤深度</td><td>≤1</td><td>不超限时须打磨圆滑过渡，超过 1 mm 或影响橡胶节点压装时报废</td></tr>
<tr><td colspan="2">牵引拉杆锁紧板弯曲变形</td><td>≤2</td><td>CW-200（K）、SW-220K</td></tr>
<tr><td rowspan="3">2</td><td rowspan="3">牵引中心销</td><td colspan="2">中心销轴直径磨耗</td><td>≤1.5</td><td rowspan="3">含回转支座、牵引支座、中心销组成</td></tr>
<tr><td colspan="2">中心销轴局部腐蚀深度</td><td>≤2</td></tr>
<tr><td colspan="2">其他部位腐蚀深度</td><td>≤20%</td></tr>
<tr><td colspan="6">六、基础制动装置</td></tr>
<tr><td>1</td><td colspan="3">各基础制动圆销磨耗</td><td>≤1</td><td></td></tr>
</table>

续表

序号	项目		限度	备注
2	制动梁	制动梁端轴磨耗	≤2	
		制动梁体及拉环腐蚀深度	≤4	
		制动梁体及拉环磨耗深度	≤2	
		制动梁缓解簧磨耗板剩余厚度	≥2	
		制动梁安全吊（安全托）腐蚀	≤2	
3	闸瓦托吊消除缺陷后凹入深度		≤1.5	
4	闸瓦托	侧面磨耗	≤5	
		其余磨耗面磨耗	≤2	
		腐蚀深度	≤3	
		四爪与闸瓦接触间隙	≤2	须至少三爪接触。三爪接触时，未接触的一爪间隙≤2
		插销孔剩余壁厚	≥7	
5	踏面清扫器	连杆端轴直径磨耗	≤1	
		杆身直径腐蚀	≤2	
6	各杠杆、拉杆、拉板、拉板吊	腐蚀、磨耗	≤2	
7	各托架	腐蚀	≤30%	
8	拉杆相邻孔距与设计图纸偏差		≤5	拉杆更换时测量
9	闸片托	燕尾槽磨耗	≤1	
		锁铁销孔直径	≤13.5	
10	闸片托吊腐蚀、磨耗深度		≤1	
11	闸片锁铁	腐蚀、磨耗深度	≤10%	
		锁舌端面至销孔中心距离	≥44	
		销孔直径磨耗	≤1	

续表

序号	项目		限度	备注
12	盘形制动杠杆吊座及吊轴	杠杆吊座磨耗	≤2	
		杠杆吊座腐蚀深度	≤2	
		杠杆吊座吊轴直径磨耗	≤1	
七、转向架组装				
（一）转向架组装基本要求				
1	基础制动装置各销、套组装间隙		≤2	
	基础制动装置各销窜动量		≤3	
2	闸片	厚度	≥20	
		同一单元制动缸两侧闸片厚度差	≤5	
		同侧上下闸片厚度差	≤1	
3	闸片托	锁铁端部与闸片托支撑面间隙	≤1.5	
		闸片托支撑面与闸片背间隙	≤2	
4	制动梁	两端水平高度差	≤12	
		制动梁下部与缓解弹簧或安全托（吊）间隙	≥10	
5	闸片与制动盘面间隙之和		≥2	允许单侧闸片不离开盘面，但须无压力
6	油压减振器梯形槽结构组装时节点轴与槽结合的底部间隙		≥1	
7	车轮直径差	同一转向架	≤15	标记速度不大于 120 km/h 客车
		同一车	≤30	
		同一转向架	≤5	标记速度 140 km/h、160 km/h 客车
		同一车	≤20	
（二）206G（P）、209T（P）、209PK				
1	摇枕同一端头两侧间隙差		≤5	209T（P）、209PK

续表

序号	项目		限度	备注
2	横向缓冲器与构架或摇枕间隙	每侧	25±5	206G（P）
		两侧之和	50±2	
		每侧	25±3	209T（P）、209PK
		两侧之和	≤50	
3	弹簧托梁（板）底面与安全吊距离		20~60	209T（P）、209PK
4	横向拉杆两个橡胶垫预压缩量		3~6	206G
（三）209HS				
1	摇枕牵引拉杆座与构架牵引拉杆座距离		840±2	整车落成前调整，调整后紧固牵引拉杆
2	摇枕吊橡胶堆距构架侧梁间隙		≥3	
3	横向缓冲器与构架每侧横向间隙		30±2	
（四）SW-160（H）				
1	横向缓冲器与构架横向间隙	每侧	25±2	
		两侧之和	50±2	
2	摇枕纵向定位挡与构架纵向定位挡间隙	每侧	20±2	SW-160
		两侧之差	≤4	
		每侧	60±2	SW-160H
		两侧之差	≤4	
3	定位套（轴）与定位臂梯形槽底部间隙		5^{+1}_{-3}	
4	定位转臂与轴箱体顶面间隙		≥1	
5	车轮与构架轴箱弹簧座的间隙		≥12	
6	轮对提吊间隙		≥12	
7	摇枕牵引拉杆座与构架牵引拉杆座距离		840±2	整车落成前调整，调整后紧固牵引拉杆

续表

<table>
<tr><th>序号</th><th colspan="2">项目</th><th>限度</th><th>备注</th></tr>
<tr><td colspan="5">（五）CW-2（1）</td></tr>
<tr><td>1</td><td colspan="2">摇枕纵向止挡与构架间隙之差</td><td>≤4</td><td>牵引拉杆须在落车前安装，调整后紧固</td></tr>
<tr><td>2</td><td colspan="2">纵向挡与摇枕间隙</td><td>＞10</td><td></td></tr>
<tr><td>3</td><td colspan="2">纵向挡与摇枕间隙</td><td>＞12</td><td>CW-2</td></tr>
<tr><td>4</td><td colspan="2">横向缓冲器与构架每侧横向间隙</td><td>40±3</td><td></td></tr>
<tr><td>5</td><td colspan="2">同一轮对两车轮内侧面与构架上基准块的间隙差</td><td>≤2</td><td>构架上无定位块时，测量一侧节点定位轴凸出构架定位座的距离，内外侧差不大于 2 mm</td></tr>
<tr><td>6</td><td colspan="2">轴箱节点锁紧机构与定位座间隙</td><td>＞1</td><td></td></tr>
<tr><td>7</td><td colspan="2">定位套（轴）与定位臂梯形槽底部间隙</td><td>1～6</td><td></td></tr>
<tr><td colspan="5">（六）CW-200（K）</td></tr>
<tr><td>1</td><td colspan="2">轴箱转臂节点套筒两端面相对两侧定位块间隙之差</td><td>≤3</td><td></td></tr>
<tr><td rowspan="2">2</td><td rowspan="2">轴箱凸台与转臂弹簧托盘下平面</td><td>间隙</td><td>＞0.1</td><td></td></tr>
<tr><td>左右间隙差</td><td>≤1</td><td></td></tr>
<tr><td>3</td><td colspan="2">同一轮对两车轮内侧面与构架上的基准块的间隙差</td><td>≤2</td><td></td></tr>
<tr><td>4</td><td colspan="2">轴箱节点处锁紧板上表面与定位座下表面之间间隙</td><td>≥2</td><td>超限时可在梯形槽两侧面加紫铜垫调整</td></tr>
<tr><td>5</td><td colspan="2">横向挡与纵向梁挡板之间间隙</td><td>40±2</td><td></td></tr>
<tr><td colspan="5">（七）SW-220K</td></tr>
<tr><td>1</td><td colspan="2">转臂定位轴与梯形槽底面间隙</td><td>≥5</td><td>限时可在梯形槽两侧面加紫铜垫调整</td></tr>
<tr><td rowspan="2">2</td><td rowspan="2">轴箱凸台与转臂弹簧托盘下平面</td><td>间隙</td><td>＞0.1</td><td></td></tr>
<tr><td>左右间隙差</td><td>≤1</td><td></td></tr>
</table>

续表

序号	项目		限度	备注
3	同一轮对两车轮内侧面与构架上基准块的间隙差		≤2	
（八）AM96				
1	轴箱凸台与转臂弹簧托盘下平面	间隙	0.1 ~ 3	
		左右间隙差	≤1	
2	手制动钢缆关节轴承座与转臂圆销中心距离		192 ± 2	
（九）PW-220K				
1	轴箱凸台与转臂弹簧托盘下平面	间隙	0.1 ~ 3	
		左右间隙差	≤1	

注：表中未注明单位的限度，单位为 mm。

附件 B　整车落成限度表

序号	项目		适用范围	限度	备注
一、车体					
1	车体倾斜		各型客车	≤30	在枕外距枕梁中心（200±20）mm 的车顶雨檐下平面（或侧墙顶部）至侧墙板下边缘测量车体左右倾斜
2	车底下部与转向架上部各零部件的垂直距离	转向架两横梁（或制动横梁）外侧	209T、209P、206G、206P、209PK、209HS、CW-2（1）、SW-160（H）、AM96、PW-220K	≥75	手制动拉杆、手制动钢丝绳、摇枕与枕梁之间零部件除外
		转向架两横梁（或制动横梁）内侧	209T、209P、206G、206P、209PK、209HS、CW-2（1）、SW-160（H）、AM96、PW-220K、CW-200（K）、SW-220K	≥50	手制动拉杆、手制动钢丝绳、摇枕与枕梁之间零部件除外
3		转向架两横梁（或制动横梁）外侧	CW-200（K）、SW-220K	≥60	分线盒箱体≥50
二、车钩缓冲装置落成限度表					
1	车钩高度		15 系列	860～890	车钩中心线上沿至钢轨面的垂直距离
			密接式车钩	850～880	车钩圆锥顶尖至钢轨面的垂直距离
			209HS	855±5	在空气弹簧无压力时测量，不足时可用旁承垫进行调整，中心销圆锥面端部与橡胶钢套端部不得接触

续表

序号	项目		适用范围	限度	备注
2	同车两端车钩高度差		15 号、15C、15CX	≤10	
			15 号系列车钩与密接式车钩装配到同一辆车	≤40	
3	缓冲板外侧面与钩舌外侧面距离		15 号、15C、15CX、15 号托梁式车钩	13 ~ 35	密接式车钩、折棚风挡除外
4	测量钩舌与钩腕内侧面距离		闭锁位置	≤130	小间隙钩舌≤120
			全开位置	≤245	
5	钩提杆与下锁销连杆之间距离			＞15	顺时针拉紧钩提杆测量
6	钩尾框上平面至车体防跳板下平面距离		15 号、15C、15CX	5 ~ 15	
7	钩身上部与冲击座下部间隙		15 号、15C、15CX、15 号托梁式车钩	20 ~ 48	
三、转向架					
1	构架四角高度差（装用空气弹簧转向架，须在空气弹簧处于工作高度时测量）	同一转向架左右相差	209T、209P、206G、206P、209PK、209HS	≤10	测量转向架构架两端外侧的导柱安装面与轨面垂直距离
		同一转向架前后相差	209T、209P、206G、206P、209PK、209HS	≤12	
		同一转向架	CW-2（1）	≤4	测量构架定位座下表面至轨面距离
		同一转向架左右差	SW-160（H）	≤10	构架弹簧支撑座上表面距轨面距离
		同一转向架前后差		≤12	
		同一转向架	CW-200（K）	≤4	测量转臂定位座下平面至轨面垂直距离
		同一转向架左右差	SW-220K	≤8	测量构架基准块顶面至轨面垂直距离（没有基准块的测量弹簧筒上平面据轨面距离）
		同一转向架前后差		≤10	
		左右相差	AM96	≤8	测量构架两端基准块至轨面垂直距离
		前后相差		≤10	

续表

序号	项目		适用范围	限度	备注
1	构架四角高度差（装用空气弹簧转向架，须在空气弹簧处于工作高度时测量）	同一轮对两侧差	PW-220K	≤5	测量定位转臂节点螺栓中心孔至轨面距离
		同一转向架差		≤6	
2	轴箱弹簧调整垫		209T、209P、206G、206P、209PK、209HS	≤10	支持环与轴簧之间（206G 除外），不超过 1 块
			CW-2（1）	≤10	轴箱弹簧和上定位座之间可加 1 块不大于 5 mm，弹簧下方可加不超过 2 块总厚度不大于 10 mm 铁垫调整，加垫时优先加在弹簧下方
			SW-220K	≤8	轴箱弹簧装置缓冲垫下方，不超过 2 块
			CW-200（K）	≤10	轴箱弹簧装置下方，不超过 2 块
			SW-160（H）	≤8	轴箱弹簧装置缓冲胶垫下方，不超过 2 块
			AM96	≤6	轴箱弹簧装置下方，不超过 2 块
			PW-220K	≤4	轴箱弹簧装置下方，不超过 2 块
3	同一轴箱圆弹簧高度差		209T、209P、206G、206P、209PK	≤6	全车落成找平后测量，允许加 1 块不超过 10 mm 铁垫调整
4	同一转向架轴箱弹簧高度差		209HS	≤8	全车落成找平后测量，允许加 1 块不超过 10 mm 铁垫调整
5	非转臂式转向架支持环下边缘与轴箱弹簧座间隙		209T、209P、206G、206P、209PK	≥5	
6	构架侧梁下部与轴箱顶部距离		209T、209P、206G、206P、209PK、209HS	≥38	含轴温探头
			CW-2（1）	≥30	

续表

序号	项目		适用范围	限度	备注
			209PK	192 ~ 200	
			209HS	186 ~ 200	同一转向架两侧空气弹簧高度差不得超过 10 mm
			SW-160（H）	200 ± 5	同一转向架两侧空气弹簧高度差不得超过 3 mm
			CW-1（2）	150 ± 3	同一转向架两侧空气弹簧高度差不得超过 3 mm
			SW-220K	（320+t）± 3	t 指空气弹簧调整垫厚度，不大于 30 mm，同一转向架两侧空气弹簧高度差不大于 3 mm。t 在 16 ~ 30 mm 范围时，还需在牵引销与车体枕梁之间加 15 mm 的铁垫
			CW-200（K）	（150+t）± 3	采用 ϕ630 空气簧为[（130+t）± 3]。2004 年长客股份出厂的邮政车仍为[（150+t）± 3]。其中 t 指空气弹簧下平面调整垫厚度，总厚度不大于 25 mm，数量不超过 2 块。车体两侧空气弹簧高度差不大于 3
			AM96	1020^{+2}_{-5}	空气弹簧盖板（包括调整板厚度）距轨面高度。同一转向架两侧高度差不大于 4 mm。空气弹簧下座处可加 ≤ 18 mm，数量不超过 3 块的铁垫或在空气弹簧上盖处可加 ≤ 36，数量不超过 2 块的铁垫，优先在空气弹簧下座处加垫
			PW-220K	（398+t）± 3	t 指空气弹簧下座调整厚度，数量不超过 2 块，总厚度 ≤ 10 mm
8	同一转向架上、下旁承间隙两侧之和		心盘承载客车	4 ~ 6	每侧最小不得密贴
9	上、下心盘边缘的垂直间隙		心盘承载客车	≥ 3	
10	横向止挡与纵向梁挡板之间间隙	每侧	CW-200（K）	40 ± 2	
		每侧	SW-220K	40 ± 2	
		两侧之和	SW-220K	80 ± 2	

续表

序号	项目		适用范围	限度	备注
11	横向止挡与中心销止挡座面间隙	每侧	PW-220K	20±3	
12	横向止挡与牵引销止挡座面间隙	每侧	AM96	20±2	
		两侧之和	AM96	40±2	
	牵引销与纵向挡间隙		AM96	13～17	
13	轮对提吊（销）与定位转臂挡座处的间隙		CW-200（K）	上部间隙≥30、下部间隙≥50	
			SW-220K	≥15	
			SW-160（H）	≥12	
			PW-220K	≥35	转向架的提吊钩与定位转臂上部间隙
			AM96	≥35	
14	摇枕端部上平面与构架侧梁下平面间隙		209HS	≥35	空气弹簧充气至高度 196 mm（包括 4 mm 橡胶垫厚度）时
15	摇枕到构架下平面距离		CW-2	45±3	测量基准块到构架下平面距离
			CW-1	29±3	测量基准块到构架下平面距离，无基准块车辆为（37±3）mm
16	防过充钢丝绳余量		CW-200（K）	≥30	空气弹簧充风至工作高度时测量
17	牵引拉杆锁紧板与定位块下表面间隙		CW-200（K）	＞1	
18	构架上单元制动缸限位螺栓与单元制动缸间隙		盘形制动客车	2～10	

注：表中未注明单位的限度，单位为 mm。

附件 C　客车紧固件力矩要求表

以下所有表位置栏中（M）均是指防松螺母。

C.1　206P、207G1 型转向架紧固件力矩要求表

序号	规格	位置	力矩/（N·m）	等级
1	M27	下心盘（M）	670±10	8
2	M24	导柱与构架（M）	560±10	8
3	M20	轴箱盖（M）	210±10	8
4		旁承座（M）	310±10	8
5	M12	横向缓冲器（M）	80±10	8
6		横向减振器（M）		8
7		横向拉杆安全吊（M）		8

C.2　206G、207G 型转向架紧固件力矩要求表

序号	规格	位置	力矩/（N·m）	等级
1	M27	下心盘（M）	670±10	8
2	M24	导柱与构架（M）	560±10	8
3	M20	轴箱盖（M）	210±10	8
4		旁承座（M）	310±10	8
5		制动梁安全吊（缓解簧）（M）	310±10	8
6	M16	横向油压减振器	70±5	8.8

续表

序号	规格	位置	力矩/（N·m）	等级
7	M12	横向缓冲器（M）	80±10	8
8		横向拉杆安全吊（M）		8
9	M10	钢丝绳托板与连接板（M）	20～25	8

C.3 209T 型转向架紧固件力矩要求表

序号	规格	位置	力矩/（N·m）	等级
1	M27	下心盘（M）	670±10	8
2	M24	导柱与构架（M）	560±10	8
3	M20	轴箱盖（M）	210±10	8
4		制动梁安全吊（缓解簧）（M）	310±10	8
5		旁承座（M）		8
6		弹簧托梁安全吊（M）		8
7	M16	吊轴与托梁（M）	180±10	8
8	M10	钢丝绳托板与连接板（M）	20～25	8

C.4 209P 型转向架紧固件力矩要求表

序号	规格	位置	力矩/（N·m）	等级
1	M27	下心盘（M）	670±10	8
2	M24	导柱与铸钢构架（M）	560±10	8
3		导柱与焊接构架（M）	600±10	8
4	M20	轴箱盖（M）	210±10	8

续表

序号	规格	位置	力矩/（N·m）	等级
5	M20	旁承座（M）	310±10	8
6		弹簧托梁安全吊（M）		8
7	M16	吊轴与托梁（M）	180±10	8

C.5　209HS 型转向架紧固件力矩要求表

序号	规格	位置	力矩/（N·m）	等级
1	M16	吊轴与托梁连接（M）	180±10	8
2		弹簧座体与扭杆座（M）		8
3		减振器座（1997 年底前新造的转向架）（M）	220±10	10
4		抗侧滚扭杆安全吊（薄螺母）	145±10	8
5		抗侧滚扭杆安全吊（普通螺母）	180±10	8
6		碳纤维侧滚扭杆安全吊（防松螺母）	180±10	8
7	M20	减振器座（1998 年以后新造的转向架）（M）	350±10	10
8		旁承座（M）	310±10	8
9		轴箱盖（M）	210±10	8
10		托梁安全吊（薄螺母）	250±10	8
11	M20	托梁安全吊（普通螺母）	310±10	8
12		碳纤维托梁安全吊（防松螺母）	310±10	8
13	M24	导柱与构架（M）	560±10	8
14	M30	扭杆（M）	700±10	8

C.6　CW-2（1）型转向架紧固件力矩要求表

<table>
<tr><th>序号</th><th>规格</th><th>位置</th><th>力矩/（N·m）</th><th>等级</th></tr>
<tr><td>1</td><td>M30</td><td>CW-2 扭杆与摇枕连接处（M）</td><td>600±10</td><td>8</td></tr>
<tr><td>2</td><td>M24</td><td>前控制杆定位销</td><td>260~300</td><td>8</td></tr>
<tr><td>3</td><td rowspan="5">M20</td><td>托板安全钢丝绳下端（M）</td><td rowspan="4">310±10</td><td>8</td></tr>
<tr><td>4</td><td>CW-2 扭杆安全吊（M）</td><td>8</td></tr>
<tr><td>5</td><td>牵引拉杆座与摇枕连接（M）</td><td>8</td></tr>
<tr><td>6</td><td>横向控制杆安全钢丝绳（M）</td><td>8</td></tr>
<tr><td>7</td><td>轴箱前盖</td><td>176~186</td><td>8</td></tr>
<tr><td>8</td><td rowspan="6">M16</td><td>牵引拉杆座与构架连接（M）</td><td rowspan="5">180±10</td><td>8</td></tr>
<tr><td>9</td><td>一系垂向减震器座（下端、铰接）（M）</td><td>8</td></tr>
<tr><td>10</td><td>CW-2 扭杆座与托板连接处（M）</td><td>8</td></tr>
<tr><td>11</td><td>CW-1 二系垂向减震器座（M）</td><td>8</td></tr>
<tr><td>12</td><td>横向档（M）</td><td>8</td></tr>
<tr><td>13</td><td>锁紧板与转臂节点</td><td>150±10</td><td>8.8</td></tr>
<tr><td>14</td><td rowspan="2">M10</td><td>横向杆钢丝绳管卡安装（M）</td><td rowspan="2">50±5</td><td>8</td></tr>
<tr><td>15</td><td>CW-2 高度阀调整杆安装座（M）</td><td>8</td></tr>
</table>

C.7　SW-160（H）型转向架紧固件力矩要求表

序号	规格	位置	力矩/（N·m）	等级
1	M30	节点盖型螺母（M）	700±10	8
2	M22	牵引销安装（M）	360±10	8

续表

序号	规格	位置	力矩/（N·m）	等级
3	M20	轴箱盖（M）	210±10	8
4		轴箱体与转臂（M）	310±10	8
5	M16	转臂与夹紧箍（M）	180±10	8
6		横向梁安装（M）		8
7		横向梁安全吊（M）		8
8		轮对提吊		8.8
9		横向油压减振器（SW-160H）（M）	150±10	8
10		转臂节点锁紧板		8
11		定位挡板	110±10	8.8
12	M12	横向缓冲器（M）	80±10	8
13		横向减振器（M）		8
14	M10	过冲挡（M）	50±5	8
15		高度调整阀（M）		8
16		差压阀（M）		8

C.8　CW-200K 型转向架（含节点夹紧板螺栓）紧固件力矩要求表

序号	规格	位置	力矩/（N·m）	等级
1	M30	节点盖型螺母	450～500	—
2	M27	牵引支座（M）	670±10	10
3	M20	抗蛇行减振器座（M）	350±10	10
4		抗侧滚扭杆上座（M）		10

续表

序号	规格	位置	力矩/（N·m）	等级
5		横向缓冲器座（M）		10
6		吊钩（M）		10
7		轴箱盖（M）	210±10	10
8	M16	抗蛇行减振器（M）	220±10	10
9		抗侧滚扭杆下座（M）		10
10		转臂与夹紧箍（M）		10
11		扭杆安全吊（M）		10
12		牵引拉杆锁紧板与定位座	150±10	10.9
13		轴箱节点锁紧板与定位座		10.9
14	M12	止挡调整垫（M）	110±10	10
15		横向减振器（M）		10
16		高度阀调整杆安装板（M）		10
17		轴箱减振器（M）		10
18		牵引拉杆锁紧板与定位座	75±5	10.9
19	M10	差压阀（M）	70±5	10
20		高度阀（M）		10

C.9 SW-220K 型转向架紧固件力矩要求表

序号	规格	位置	力矩/（N·m）	等级
1	M16	定位臂与定位节点	90±5	8.8
2		横向减振器	180±10	8.8

续表

序号	规格	位置	力矩/（N·m）	等级
3		垂向油压减振器	150±10	8.8
4		轮对提吊	220±10	8.8
5		横向挡（M）		10
6		抗蛇行减振器、定位转臂与压盖（M）		10
7	M16	抗蛇行减振器座与构架	180±10	8.8
8	M20	抗蛇行减振器座与车体、定位转臂与轴箱压盖（M）	350±10	10
9		轴箱体与轴箱盖	210±10	10
10	M22	中心销与车体（M）	380±10	8
11	M30	牵引拉杆安装	815±5	8.8

C.10　AM96 型转向架紧固件力矩要求表

序号	规格	位置	力矩/（N·m）	等级
1	M10	进口轴箱前盖	50±5	10
2	M14	进口转臂与夹紧箍安装（M）	120±10	10
3	M16	抗蛇行减振器与构架连接（M）	220±10	10
4		横向减振器与模板连接（M）		10
5		垂向减振器与模板连接（M）		10
6	M16	垂向减振器与构架连接（M）	220±10	10
7		抗蛇行减振器与车体连接（M）		10
8		连杆与扭臂连接（M）	180±10	10

续表

序号	规格	位置	力矩/（N·m）	等级
9	M18	扭杆座与构架连接（M）	300±10	10
10		BST 客车连杆与扭臂连接（M）		
11	M20	国产化转臂与夹紧箍安装（M）	350±10	10
12		国产化轴箱体与轴箱盖	210±10	10
13	M24	安全提吊安装	180±10	10
14	M24	牵引销与车体连接（M）	560±10	10
15	M27	牵引销与车体连接（M）	540±10（斜槽）	8
16			600±10（直槽）	
17	M27	牵引拉杆安装（M）	670±10	10
18	M30	空气弹簧与车体连接（M）	820±10	10

C.11　PW-220K 型转向架紧固件力矩要求表

序号	规格	位置	力矩/（N·m）	等级
1	M30	牵引体下盖紧固螺栓	590±10	10.9
2		转臂节点螺母	250±10	10
3	M24	牵引销与车体连接（M）	560±10	10
4	M20	转臂与夹紧箍（M）	350±10	10
5		轴箱盖与轴箱体（M）	210±10	8
6		抗侧滚扭杆与构架连接	340±10	10.9
7		转臂节点定位套	300±10	10.9
8	M16	连杆与扭臂（M）	220±10	10

续表

序号	规格	位置	力矩/（N·m）	等级
9		连杆与车体连接（M）		10
10		抗蛇行减振器与构架连接（M）	180±5	10
11		抗蛇行减振器与车体连接（M）		10
12		牵引拉杆安装		10.9
13		杠杆吊座与构架连接		10
14	M12	二系垂向减振器（M）	80±5	8
15		横向减振器（M）		8

C.12　207G 型转向架紧固件力矩要求表

序号	规格	位置	力矩/（N·m）	等级
1	M27	下心盘（M）	670±10	8
2	M24	导柱与构架（M）	560±10	8
3	M20	轴箱盖（M）	210±10	8
4	M12	横向缓冲器（M）	80±10	8
5	M16	横向减振器（M）	180±10	8
6	M12	横向拉杆安全吊（M）	80±10	8
7	M16	横向油压减振器	70±5	8.8

C.13　211 型转向架紧固件力矩要求表

序号	规格	位置	紧固力矩/（N·m）	等级
1	M24	导柱与构架（M）	560±10	8
2	M20	横向缓冲器（M）	310±10	8

续表

序号	规格	位置	紧固力矩/（N·m）	等级
3	M16	制动梁安全托（M）	180±10	8
4	M12	垂向油压减振器安装（M）	80±10	8

C.14　客车车钩缓冲装置紧固件力矩要求表

序号	型式	规格	位置	紧固力矩/（N·m）	等级	备注
1	15号车钩	M20	车钩托板	150±10	4.8	薄螺母
2		M20	车钩托板	180±10	4.8	标准螺母
3		M16	KC15缓冲器	200±10	8.8	
4	密接式车钩	M16	原支撑弹簧盒	200±10	8.8	
5		M16	改进型支撑弹簧盒	200±10	8.8	
6		M30	缓冲器连接	650±50	8.8	防松螺母为（1100±100）N•m
7		M38	钩缓装置安装	900±100	8.8	
8		M42	密接式车钩钩尾销	550±50		
9	托梁式车钩	M12	磨耗板固定座	70±5	8.8	
10		M20	托梁与车体安装	300±10	8.8	
11		M30	过渡车钩与缓冲器连接	650±50	8.8	防松螺母为（1100±100）N•m
12		M38	钩缓装置安装	900±100	8.8	

C.15　客车制动装置紧固件力矩要求表

序号	规格	等级	力矩（润滑状态）/（N·m）	位置
1	M12	8	70±5	25T、25G制动模块吊梁
2	M12	A2-70	54±5	

续表

序号	规格	等级	力矩（润滑状态）/（N·m）	位置
3	M12	8	35±5	吊座式风缸
4	M16	8	92±5	
5	M12	5	35±5	吊卡式风缸
6	M16	5	70±5	
7	M12	8	35±5	吊带式风缸
8	M12	A2-70	35±5	
9	M16	8	92±5	
10	M16	A2-70	40±5	
11	M12	8	35±5	制动缓解指示器
12	M12	A2-70	75±5	
13	M16	8	92±5	集成化电空制动机
14	M16	8	92±5	气路控制箱
15	M20	8	180±10	分配阀中间体
16	M16	8	92±5	手制动机
17	M12	8	70±15	手制动机立轴座
18	M16	8	92±5	
19	M30	—	200～220	手制动拉杆螺套
20	M36	—	300～330	
21	M10	A2-70	21±3	BST 手制动机箱体
22	M12	A2-70	75±5	BST 客车各风缸吊带安装
23				BST 客车空气弹簧风缸吊梁安装
24	M12	A2-70	75±5	BST 客车缓解指示器及缓解指示器座安装

续表

序号	规格	等级	力矩（润滑状态）/（N·m）	位置
25	M12	A2-70	35±5	BST 青藏客车各风缸吊带安装
26	M16	A2-70	260±10	BST 青藏客车总风缸、缓解风缸、副风缸、工作风缸吊梁安装
注：① 采用双螺母结构时，薄螺母在内，其力矩值为上述相应力矩值的 80%； ② 上表中力矩受空间结构限制者不做要求。				

C.16 电气装置安装螺母紧固力矩表

序号	规格	力矩/（N·m）		
		黄铜螺母	钢质螺母	钢质镀锌（铬）螺母
1	M8	9.5～10	10～11	9.5～10
2	M10	15～16	16～18	15～16
3	M12	26～27	27～28	26～27
4	M14	45～48	47～50	45～48
5	M16	65～70	68～74	65～70
6	M20	155～160	163～168	155～160
7	M16×1.5	60～65	63～68	60～65
注：① M10 用于 AC380 V 电力连接器 N 极安装时，力矩为 16 N·m； ② M16 用于 AC380 V 型电力连接器相线（U、V、W）及 DC600 V 电力连接器正、负极连接时，力矩值为 60 N·m。				

参考答案

第一章习题答案

1. 简述铁路客车段修的总体要求。

答案要点：（1）铁路客车（以下简称客车）是旅客运输的重要技术装备，为使其在运营中保持安全可靠、性能良好，须定期进行检修。客车段修（A2、A3 级检修）的任务是恢复其基本性能。

（2）客车段修实行以走行公里为主、时间周期为辅的计划预防维修制度，换件修和状态修相结合的检修模式。

（3）客车段修实行资质管理，检修单位须取得检修资质。

（4）客车段修原则上按现车结构检修，结合段修进行的加装改造须按规定程序办理。

（5）客车段修关键工序分解与检查检测、修理分开，修理与组装分开，待修配件与修竣配件分开。

（6）客车段修配备的工装设备及检测计量器具须满足段修工艺要求，检测、探伤、试验设备和计量器具须按规定定期校验、检定。

（7）客车段修单位应完善质量保证体系，健全质量管理机构，全面落实质量责任制。

（8）客车段修单位须建立健全专业技术管理体系，配备段修所需的技术规章、技术标准、工艺文件、产品图样、维护使用说明书等技术资料，并编制岗位作业指导书。

2. 简述铁路客车段修的周期。

答案要点：走行公里和时间周期以先到者为准，时间周期计算到月。（1）A2 修：运行 60_{0}^{+6} 万 km 或距前次 A2 修以上修程 2.5 年。（2）A3 修：距前次 A2 修运行 60_{0}^{+6} 万 km 或 2.5 年。

3. 铁路客车段修如何建立检修档案，并简要说明记录的内容。

答案要点：客车段修单位须按简洁、实用、有效的原则建立检修记录，记录基本内容须包括配件名称、规格型号、制造标记、检修内容、检修（检验）人员、检修日期等信息。检修记录实行一车一档管理，保存一个 A3 修周期或 5 年。

第二章习题答案

1. 简述铁路客车钢结构段修的基本要求。

答案要点：钢结构外露部分状态检查，清除锈垢。（1）涂层鼓泡、脱落时须清除并延伸到周边 10 mm 以上；底、体架及金属地板各结合处夹锈厚度超过 2 mm 须清除，各除锈表面须在除净锈垢后 4 h 内进行防腐处理。（2）底、体架腐蚀超过 30%，墙、顶、底板腐蚀穿孔时挖补或截换；变形严重时调修或截换。（3）车下各吊梁、吊座、拉铆式车窗安装处的墙板（车窗分解时检查）腐蚀超过 30%或裂纹时焊修或更新；变形影响功能时调修或截换。（4）雨檐焊接牢固，无开焊、脱焊，腐蚀超过 50%或破损时修补或截换。（5）防攀盒及车下各箱体、裙板安装牢固，无变形，配件齐全，各锁、锁扣、折页作用良好。（6）扶手（梯）安装牢固，破损严重时更换，变形时调修。（7）车顶各检查盖板、防滑板等设施安装牢固；烟囱及帽、通风器及安装座、进排气口、各天线及座、空调安装座、车下废排风道腐蚀超过 50%或裂纹时焊修或更换，安装牢固，作用良好。（8）脚蹬破损时修补或更换，围板腐蚀超过 50%时截换或更换。脚蹬全车形式一致。（9）底、体架及底板管孔缝隙不大于 3 mm，超限时须封堵严密（排水工艺孔除外）。（10）从板座磨耗、腐蚀大于 2 mm 时焊修；前后从板座距离为 625^{+2}_{-3} mm，超限时可在前从板座处焊装磨耗板。从板与牵引梁两侧面焊接的磨耗板之间的间隙之和不大于 20 mm，超限时焊修或更换。（11）上旁承须保持光洁，安装牢固。清除表面毛刺、锈蚀及泥沙、金属屑等杂物（不得采用打砂或抛丸处理），变形、裂损时更新。25K（Z）型客车上旁承磨耗板须使用不锈钢材质，表面凹坑面积不大于 20%，平面度不大于 1 mm，打磨抛光处理时，粗糙度不大于 *Ra*1.6。（12）心盘、从板座、车钩安装座、冲击座铆钉松动或锈蚀严重时更换，心盘裂纹时焊修或更换。（13）上心盘直径磨耗超过 6 mm 或接触面异常磨损影响功能时检修或更换。（14）空调机组排水管路畅通，排水导管安装牢固，焊接结构无裂缝、脱焊；U 形管卡齐全、固定牢靠，连接螺栓无松动。

2. 客车底架各梁段修的限度各是多少？

答案要点：底架各梁下垂及弯曲超过限度时调修。① 牵引梁下垂 30 mm；② 边梁水平弯曲 50 mm；③ 底架中部下垂 50 mm。

3. 简述风挡下部缓冲装置的检修标准。

答案要点：（1）方形缓冲杆弯曲变形大于 3 mm 时调修或更换，杆及座磨耗大于 4 mm 时焊修，磨耗板厚度小于 3 mm 时更换。（2）圆形缓冲杆磨耗大于 3 mm 时焊修，变形大于 3 mm 时调修；缓冲杆座内套磨耗超过 50%、缓冲杆橡胶节点脱胶时更新；渡板圆销磨耗大于 2 mm 时更新。（3）缓冲杆弹簧衰弱时调整或更换，折损时更换。缓冲杆尾部扁销或圆销状态不良时更新，开口销更新。（4）缓冲杆各磨耗部位涂润滑脂。（5）缓冲板端面摩擦板破损或磨耗剩余厚度小于 4 mm 时更换，厚度差不大于 2 mm。（6）缓冲板上平面与渡板间隙不大于 7 mm，且无卡滞。

4. 简述橡胶风挡的检修标准。

答案要点：（1）胶囊安装牢固，裂损小于 200 mm 时修补，裂损大于 200 mm 或老化时更换，边缘局部缺损不影响功能时可继续使用。（2）安装螺栓状态良好。

5. 简述防火装置的检修标准。

答案要点：（1）茶炉室、锅炉室铁地板腐蚀漏水时焊修或截换，焊缝开焊时补焊。（2）各烟囱周围、餐车厨房间壁内的防火隔热材缺失或破损时补齐；墙板、顶板处的镀锌（不锈钢）包板无破损，接缝严密，与各管路间隙不大于 2 mm。（3）厨房挡火板清除污垢，腐蚀、破损时修补或截换，与间壁间距不小于原车尺寸。

第三章习题答案

1. 简述车钩缓冲装置段修的基本要求。

答案要点：车钩缓冲装置下车分解检修，清除锈垢，可见部位外观检查良好，探伤部位须露出金属本色。密接式车钩缓冲装置 A2 修时现车检修，状态不良或 A3 修时分解检修。

2. 15 号车钩钩舌各部分检修的基本限度各是多少？分别加以说明。

答案要点：（1）15 号和 15C 型钩舌内侧面磨耗剩余厚度小于 68 mm 时焊修。（2）钩舌尾部和锁铁接触面磨耗大于 2.5 mm 时焊修。（3）钩舌销孔衬套磨耗大于 3 mm 时更新。镶套后边缘允许有宽度不大于 2 mm 且深度不大于 5 mm 的间隙。（4）钩舌销孔基体磨耗后可加修扩孔，直径大于 54 mm 时报废。（5）钩舌冲击台、牵引台磨耗超过 1 mm 时焊修并探伤检查。

3. 简述密接式车钩缓冲装置现车检修的基本要求及注意事项。

答案要点：清除各部件表面污垢和钩舌回转槽、钩舌油垢，各零部件可见部位状态良好。（1）缓冲器内半筒脱出大于 8 mm 时更换。（2）支撑弹簧盒盖高度不小于 104 mm,超限时可在弹簧盒盖顶面加焊厚度 4 ~ 6 mm 的圆形磨耗板或更换,螺栓螺纹孔不良时可改用螺栓螺母结构（改进结构的支撑弹簧盒除外）。（3）缓冲器拉杆及对中弹簧桶推杆外露部位，钩舌回转槽内壁、钩舌上下面、钩头凹凸锥涂润滑脂。（4）缓冲器法兰盘、钩尾销和安装座处紧固件无松动，垫圈和开口销状态良好。（5）支撑弹簧盒紧固件无松动，分解时更新。装有磨耗板的支撑弹簧盒耐磨树脂磨耗板剩余厚度不足 1 mm 时更新。（6）解钩风缸动作、复位试验良好。

4. 简述 CA-3 型车钩缓冲装置检修的探伤的主要部位及要求。

答案要点：钩体探伤部位如图 3-3 所示。钩肩与钩身连接线处横向裂纹长度大于 15 mm、纵向裂纹长度大于 30 mm、*A* 向所指区域竖向裂纹大于 40 mm 时报废；裂纹不超限时焊修。

5. 简述车钩缓冲装置主要附属部分检修的基本要求。

答案要点：（1）摆块及摆块吊磨耗大于 3 mm 时焊修,裂纹时更换。（2）钩提杆变形时调修，腐蚀深度大于 5 mm 时报废。下锁销连杆、钩提杆吊环腐蚀深度超过 30%时更换。（3）钩体托板及钩尾框托板裂纹时焊修或更换，磨耗大于 3 mm 时焊修。（4）前从板圆弧面磨耗量大于 2 mm 时报废,其余部位磨耗大于 3 mm 时焊修,后从板磨耗量大于 3 mm 时焊修。（5）从板磨耗板剩余厚度小于 3 mm 时更换。（6）防跳板变形时调修，开焊时焊修。（7）冲击座与摆块吊接触处局部磨耗大于 3 mm 时焊修；冲击座固定铆钉松动或异常时更换。（8）钩锁铁局部磨耗大于 2 mm 时焊修；钩舌推铁变形时调修或更新；下锁销变形时调修，磨耗大于 1 mm 时焊修。（9）钩体和钩尾框磨耗板剩余厚度小于 3 mm 时更新。（10）各圆销（不含钩舌销）裂纹或直径磨耗大于 1 mm 时更新。

第四章习题答案

1. 简要说明转向架段修的基本要求。

答案要点：转向架导柱、摇枕挡、牵引拉杆安装座、摇枕中心销套、抗蛇行油压减振器安装座和高度调整杆安装座状态良好者可不分解，其他配件均须分解检修。检修时须符合以下要求：（1）清除转向架各部件表面锈垢。除锈时不得损伤本体、螺纹和精装配面。（2）与车体连接的牵引拉杆座、抗侧滚扭杆座和抗蛇行减振器座弯曲、变形时调修，裂损时焊修、补强或更换，腐蚀深度超过 30%时更换，构架上组焊件原焊缝裂纹时焊修并探伤检查。（3）各螺纹连接配件螺纹须良好，构架上螺纹损坏时堵焊后加修或用钢丝螺套修复（轴端螺栓孔除外），钢丝螺套的基孔螺纹大径到母材边缘最小距离须大于 10 mm。原钢丝螺套损坏时更新。（4）衬套（销孔）内孔直径磨耗量大于 1 mm 时更新。（5）转向架上各风管漏泄或裂损更换时采用不锈钢管。（6）钢丝绳状态良好，钢丝绳胶套脱落、破损时更新。（7）构架、弹簧托梁、摇枕须原车原套原位组装。（8）金属配件组装结合面（磨耗面除外），在组装前均须涂刷防锈漆。（9）圆、扁开口销须更新，防松止铁、防松铁丝状态不良或分解时须更新。（10）AM96、CW-200K、PW-220K、SW-220K 型转向架定位转臂 A2 修时状态检修，A3 修时分解检修。（11）中心牵引体橡胶节点、中心销橡胶套、定位转臂节点、导柱弹性定位套、209HS 橡胶堆定位器、CW-2（1）横向控制杆橡胶定位节点橡胶与金属件结合面之间开裂长度超过 1/4 圆周且深度大于 5 mm，橡胶表面周向裂纹长度超过 1/4 圆周且深度大于 5 mm，橡胶表面周向贯通裂纹且深度大于 3 mm 及 A3 修时更新（中心销橡胶套、AM96 型转向架定位转臂节点、CW-200K 型转向架定位转臂节点、PW-220K 型转向架定位转臂节点除外）。（12）纵向、横向缓冲器（横向挡）和钢弹簧橡胶缓冲垫老化、严重变形、裂损时更新。（13）采用压装方式的各节点须为过盈配合，压装后须紧固无松动。

2. 简述转向架主要部件段时探伤的基本方法和要求。

答案要点：主要零部件采用电磁探伤、超声波探伤、渗透探伤等形式。探伤零部件主要有杠杆吊座、杠杆吊座吊轴及各圆销（不含锁铁圆销、单元制动缸吊耳圆销）、闸片托吊、踏面清扫器吊及吊销、闸瓦托吊及销、制动梁端轴、摇枕吊（环）、摇枕吊销、摇枕吊轴、横向控制杆及定位销、构架上横向控制杆定位销、横向拉杆（芯轴）、抗侧滚扭杆（扭杆、扭臂、连杆）、抗侧滚扭杆吊销螺栓、摇枕吊杆螺栓、中心牵引拉杆、纵向牵引拉杆、轴驱发电机吊销、转臂节点转轴、转轴套、油压减振器安装座安装螺栓、安全吊座、弹簧托梁耳孔处。

3. 简要说明 CW-2（1）型转向架构架定位尺寸的基本要求。

答案要点：CW-2（1）型转向架构架定位尺寸须满足要求（**可不附图，仅表示测量范围即可**）。

CW-2（1）型转向架构架定位尺寸			
序号	检测部位	定位尺寸/mm	尺寸要求/mm
1	定位座中心横向间距[①，②]	1956±1	1956±1
2	定位座中心对角线[③，④]	—	尺寸之差：｜③－④｜<3
3	定位座中心纵向间距[⑤，⑥]	—	1432±1

4. 简述 CW-200（K）型转向架构架定位尺寸的主要数值及要求。

答案要点：CW-200（K）型转向架构架定位尺寸须满足要求（**可不附图，仅表示测量范围即可**）。

CW-200（K）型转向架构架定位尺寸		
序号	检测部位	尺寸要求/mm
1	①定位座中心纵向距离	1740±1
2	②定位座底面与弹簧座顶面距离	四角高差≤2
3	③定位座中心横向距离	2000±1
4	④、⑤定位座中心对角线距离	｜④－⑤｜≤3

5. 简述客车转向架轴箱定位装置转臂节点更新时，节点刚度差的要求。

答案要点：转臂节点更新时同一轮对同时更新，更新的节点刚度差符合以下要求：（1）CW-200（K）型转向架：同一转向架横向刚度值差、纵向刚度差均不大于 0.2 MN/m。（2）AM96 型转向架：同一轮对横向刚度值之差不大于 0.23 MN/m、纵向刚度值之差不大于 0.7 MN/m；同一转向架横向刚度值之差不大于 0.46 MN/m、纵向刚度值之差不大于 1.4 MN/m（须确保节点压装后缺口与转臂水平方向垂直）。（3）PW-220K 型转向架：同一轮对径向刚度之差不大于 0.6 MN/m，轴向刚度之差不大于 0.3 MN/m；同一转向架径向刚度之差不大于 1.0 MN/m，轴向刚度之差不大于 0.5 MN/m。

6. 简述 CW-2（1）型转向架横向控制杆段修的要求。

答案要点：（1）横向控制杆腐蚀深度超过 30%、裂纹时更新。（2）横向控制杆定位销裂纹、螺纹失效、紧固不良时更新，开口销孔磨耗量大于 2 mm 时须焊修或更新。（3）垫板折断、腐蚀深度超过 30%时须更新。

7. 客车 209T（P）型转向架中央悬挂装置摇枕吊及销段修的基本要求。

答案要点：（1）摇枕吊裂纹时更换，腐蚀、损伤可打磨圆滑过渡，打磨后凹入深度不大于 2 mm。（2）209T（P）型转向架摇枕吊衬套磨耗大于 2 mm 时更新，镶套后局部间隙不大于 1 mm，深度不大于 5 mm。（3）摇枕吊上下孔磨耗面距离之差：209T（P）型转向架：同一转向架不大于 3 mm，同一侧不大于 2 mm。（5）摇枕吊销磨耗大于 3 mm 或裂纹时更换。

8. 简述 209HS、209PK 弹簧托梁段检修的基本要求。

答案要点：（1）弹簧托梁连杆裂纹时更换，腐蚀深度超过 20%时更换，弯曲时调修。（2）重新组装后，209HS 两吊轴安装孔中心距之差不大于 2 mm，对角线长度之差不大于 3 mm。

9. 简述客车转向架空气弹簧的段修要求。

答案要点：（1）空气弹簧外观检查，无异状时进行气密性试验，试验合格可不分解。A3 修时节流阀（SYS580、SYS550 等一体式空气弹簧除外）须分解检修。（2）胶囊老化、龟裂、破损时更新。（3）上盖板裂纹、弯曲变形影响安装或密封时更新，上盖板硫化橡胶层状态不良影响密封性能时更新。气囊安装座、扣环须光滑、平整、清洁。组装螺栓不得与胶囊接触。（4）进气口（节流阀）橡胶密封圈更新。（5）空气弹簧橡胶垫破损、老化时更新。（6）橡胶支持座脱胶时更新。（7）节流阀脱落、损坏、锈蚀时更换，安装节流阀时须涂抹螺纹锁固胶。（8）空气弹簧辅助钢弹簧裂纹、折损时更换，自由高须为（259±6）mm，不符合时调修或更换。（9）空气弹簧气密性试验：空气弹簧在标准工作高度（±2 mm）下，充气至 500 kPa，保压 10 min，泄漏不大于 10 kPa，或浸入水中 3 min 无连续气泡（AM96 型转向架仅做保压试验）。空气弹簧标准工作高度：209HS、209PK 为 196 mm，SW-160（H）为 200 mm，CW-2 为 150 mm，PW-220K 为 358 mm，SW-220K 为 200 mm，CW-200（K）为 210 mm。

10. 简述客车向架空气弹簧中高度阀、差压阀、安全阀的作用和检修注意事项。

答案要点：（1）LV（GDF-A）型高度阀，DP（CYF-A）型差压阀，SAB 型高度阀、差压阀 A2 修时试验台试验，试验合格者可不分解，A3 修时分解检修；FBO 型高度阀、差压阀 A2、A3 修时现车状态检查，不良时分解检修。（2）高度阀调整杆组成的上、下关节轴承动作灵活，窜动量不大于 0.5 mm。杆体弯曲变形时调修或更换。（3）AM96 安全阀检修满足如下要求：① 清除锈垢，外观检查，良好者进行动作试验：相对于操纵杆中心线 VOM 位置的行程为 40 mm 时开始排风，当行程小于 30 mm 时须停止排风；② 外观检查不良或试验不合格时按《铁路客车空气制动装置检修规则》要求分解检修；③ 杠杆须无变形、缺损，安装时加润滑脂。

11. 抗侧滚扭杆装置检修的主要要求和重要的限度。

答案要点：（1）扭杆、扭臂、连杆裂纹时更新。（2）关节轴承（销轴）、橡胶密封圈、胶垫、轴套状态检查，不良时更新，A3 修时更新（AM96 和 PW-220K 型转向架轴套、进口关节轴承作用良好者可不更新）。（3）扭杆与扭臂松动时须分解检修。（4）扭杆弯曲大于 8 mm 时调修，扭杆端轴直径磨耗大于 2 mm 时焊修或更换。（5）杆身腐蚀深度大于 2 mm 时更换。（6）扭杆支承座裂损时更新。（7）安全吊、连杆安全托变形时调修，腐蚀深度超过 30%时更新。（8）装用轴套的扭杆须向支撑座内注适量润滑脂。

12. 钢弹簧段修的主要要求。

答案要点：（1）摇枕、轴箱弹簧须分解检修，弹簧组装螺母、开口销须更新，螺栓磨耗、腐蚀大于 2 mm 或螺纹不良时更新。AM96、CW-200K、PW-220K、SW-220K 型转向架轴箱弹簧状态检查，不良时分解检修，A3 修时须分解检修。（2）弹簧裂纹、折损或腐蚀超过原簧径 6%时更换。（3）弹簧夹板中心孔磨耗大于 2 mm 时焊修或更换，夹板裂纹、腐蚀超过 30%时更换。绝缘套磨耗大于 2 mm 或破损时更新。（4）支撑圈长度不小于 5/8 圈。（5）按规定载荷进行试验，试验载荷下的高度不超出设计载荷高度的 ± 5%。轴箱弹簧载荷试验高度差：25K、25T 型客车同一轮对及转向架同一侧不大于 3 mm、同一转向架不大于 5 mm；非 25K、25T 型客车同一轴箱不大于 4 mm、同一转向架不大于 8 mm；摇枕弹簧装用前载荷试验高度差同一侧不大于 4 mm、同一转向架不大于 6 mm。211 型同一转向架同侧摇枕弹簧各外圈自由高相差不得超过 3 mm。（6）弹簧组装时，内外圈弹簧旋向须相反。（7）有预压缩要求的钢弹簧按预压缩高度组装：① SW-160（H）型转向架为（262 ± 2）mm（不含上下夹板）；② CW-200（K）型转向架为（310 ± 2）mm（含上下夹板），下夹板无硫化橡胶的为（300 ± 2）mm；③ SW-220K 型转向架为（270 ± 2）mm（不含上下夹板）。（8）AM96 型转向架轴箱弹簧橡胶止挡老化、撕裂、橡胶高出金属支撑装置、引导面损坏时更新。

13. 简述心盘结构牵引装置的检修要求。

答案要点：（1）心盘：① 裂纹、裂损时焊修或更换，偏磨时加修；② 下心盘直径磨耗大于 4 mm 时焊修或更换，上下心盘直径差不大于 8 mm；③ 上心盘可加厚度不大于 16 mm 的铁垫板 1 块，下心盘可加不超过 3 层，总厚度不大于 50 mm 的铁垫板。（2）中心销：中心销直径磨耗大于 3 mm 或横向裂纹时报废，有纵向裂纹可加修，弯曲变形影响使用时调修或更换。（3）纵向牵引拉杆：① 牵引拉杆螺纹磨耗、缺损等影响螺母组装时可焊修（40Cr 材质的牵引拉杆不得焊修），隔套、夹板、螺母不良时更新，止退垫圈、开口销更新；② 牵引拉杆弯曲变形大于 4 mm 时报废；③ 更新时采用整体实心结构，209HS 型转向架牵引拉杆须采用 40Cr 材质；④ 牵引拉杆橡胶垫老化、裂损时更新，A3 修更新；⑤ CW-2（1）型转向架牵引拉杆套管弯曲变形大于 2 mm 或腐蚀深度大于 3 mm 时更换。

14. 简述中央牵引装置中牵引拉杆段修的主要要求。

答案要点：（1）牵引拉杆横向裂纹时报废，表面纵向裂纹深度不大于 2 mm、磨痕深度不大于 3 mm 时打磨消除并圆滑过渡，超限时报废，牵引拉杆孔划伤深度不大于 1 mm 时须打磨圆滑过渡，大于 1 mm 或影响橡胶节点压装时报废。SW-220K 的磕碰伤深度大于 2 mm 或裂纹时报废，磕碰伤深度不大于 2 mm 时打磨消除并圆滑过渡。（2）牵引拉杆橡胶节点老化、裂损时更新，A3 修时更新。（3）SW-220K 型转向架牵引拉杆 M30 安装螺栓更新；CW-200（K）型转向架牵引拉杆锁紧板弯曲变形大于 2 mm 时更新。

15. 简述油压减振器在 A3 和 A2 时主要区别和要求。

答案要点：A3 修须分解检修，A2 修时按以下要求状态检修：（1）油压减振器铭牌安装牢固，标记清晰。（2）油压减振器须进行性能试验，阻尼力值超出标准值的 ± 15%（PW-220K 型转向架抗蛇行油压减振器为 0 ~ 20%）、示功图不对称率超过 10%、示功图有畸形或突变、平放 24 h 漏油、筒体变形时须大修或更新。（3）橡胶防尘帽和减振垫状态不良、老化时更新。（4）橡胶节点老化、开胶时须更新。（5）连接杆螺纹作用不良时更换。（6）减振垫金属隔板裂损、变形时更换。（7）防松螺母更新。

16. 基础制动装置制动梁检修的基本要求。

答案要点：（1）制动梁端轴裂纹时更新端轴。端轴磨耗大于 2 mm 时焊修，端轴套裂纹、破损或磨耗大于 2 mm 时更新。（2）制动梁体及拉环腐蚀深度大于 4 mm、磨耗深度大于 2 mm 时焊修或更换，制动梁体裂纹时焊修。（3）制动梁缓解簧裂纹或衰弱时报废，缓解簧磨耗板剩余厚度小于 2 mm 时更新。安全钢丝绳尼龙套、连接板裂损时更新，衬垫更新。（4）更换端轴、端轴焊缝焊修后的制动梁须进行弯曲拉力试验，不得有永久变形，207G 型转向架拉力为 88kN，211 型转向架为 70 kN，其他型号转向架为 68.6 kN。

17. 转向架组装的基本要求。

答案要点：（1）各紧固件须紧固良好，无松动。使用防松螺母的部位，规格及紧固力矩见附件 C《客车紧固件力矩要求表》。（2）同一转向架摇枕弹簧外圈、轴箱弹簧（外圈）旋向须分别一致,并按试验载荷高选配。（3）各磨耗部位组装前须涂抹润滑脂（弹性定位套、旁承承载结构的上、下旁承磨耗板等有特殊要求者除外）。（4）转臂定位节点内套及外套表面、定位轴及定位套的梯形外表面及定位臂的梯形槽部分组装前涂润滑脂。（5）各销、套间隙不大于 2 mm，窜动量不大于 3 mm，窜动量大于 3 mm 时加垫调整。（6）闸瓦托吊上部圆销和踏面清扫器上部圆销须安装扁开口销，并须卷起，吊座上圆销帽一侧须有安全挡，并安装圆开口销。（7）闸瓦须更新。闸片厚度不小于 20 mm，同一单元制动缸两侧闸片厚度差不大于 5 mm，同侧上下闸片厚度差不大于 1 mm，同一闸片托的闸片更换时同时更新。（8）闸片托锁铁端部与闸片托支撑面间隙不大于 1.5 mm，闸片托支撑面与闸片背间隙不大于 2 mm。（9）制动梁两端水平高度差不大于 12 mm，制动梁下部与缓解弹簧或安全托（吊）间隙不小于 10 mm。（10）基础制动装置须转动灵活，各部间隙须均匀，闸片与制动盘面间隙之和不小于 2 mm（允许单侧闸片不离开盘面，但须无压力）。（11）转向架油压减振器梯形槽结构组装时，节点轴与槽底部间隙不小于 0.1 mm，尺寸不足时两侧接触面可各加 1 块与接触面大小相同的等厚紫铜垫调整。（12）油压减振器、空气弹簧等配件同一转向架的相同部位原则上要求型号一致。（13）209P 转向架带轴端接地装置时，须全车装用带绝缘橡胶层的定位座、支持环。（14）车轮直径差：标记速度不大于 120 km/h 客车同一转向架不大于 15 mm，同一车不大于 30 mm；标记速度 140 km/h、160 km/h 客车同一转向架不大于 5 mm，同一车不大于 20 mm。（15）209 系列转向架安全吊组装时，钢带安全吊采用防松螺母（209HS 采用双螺母），钢带安全吊同侧安全吊和吊座两端间隙之和须不大于 3 mm 且同一端上下间隙均匀，大于 3 mm 的可选配组装或两端均匀加垫调整，上下间隙不均匀的可调修安全吊。

第五章习题答案

1. 简述手制动机段修的基本要求。

答案要点：（1）清除各部锈垢，外观检查状态良好。（2）蜗轮蜗杆组成、蜗轮座、手制动摇把、链轮、滑轮、转臂组成、拉杆托裂损时更换，腐蚀、磨耗超过 30%时更换；滑杆、尼龙滚子裂损或直径方向磨损大于 2 mm 时须更新；手制动钢丝绳状态良好，套环松动等状态不良时更新；各圆销、衬套磨耗大于 1 mm、裂纹或松动时更新。钢缆橡胶护套周向裂损超过 50%时更新，纵向裂损长度超过 500 mm、裂损超过 3 处时更新。（3）手制动链链环腐蚀或磨耗深度大于 2 mm 或裂纹时更换；掣轮盒开盖检查，加润滑脂；锈蚀或作用不良时分解。（4）焊修的手制动链链环须进行持续 180 s、拉力为 14.7 kN 的拉力试验，经焊修或锻修的拉杆须进行持续 180 s、拉力为 11.76 kN/cm^2 的拉力试验，不得裂损或产生永久变形。（5）轴限位装置裂纹或腐蚀超过 30%时更新，轴限位装置安装螺栓无松动。（6）各磨耗部位须涂润滑脂。（7）组装后须进行功能试验：手制动摇把、立轴及其他各运动部件须转动灵活。手制动机制动拧紧后，与之相连的闸片（闸瓦）须抱紧制动盘（踏面），手制动机链轮须留有 0.5 ~ 2 圈的卷入量；手制动机缓解后，与之相连的闸片（闸瓦）须离开制动盘（踏面）或闸片无压力，闸片（闸瓦）完全复位后摇把不能继续逆时针转动。手制动钢缆安装时手制动机及手制动夹钳应处于缓解位置。

2. 简述客车制动、供风管系段修的基本要求。

答案要点：（1）清除外壁、管吊卡、管接件锈垢，吹除各管系内壁尘垢。（2）管壁腐蚀超过 50%或裂纹时更换。（3）管卡腐蚀超过 30%或裂纹、折损、螺纹不良时更换；管卡垫、管吊垫裂损时更换。制动管系不得与过梁孔直接接触、别劲。（4）更换管路时须符合以下要求：① 须采用无缝管，非不锈钢管更新时可使用不锈钢管；② 管件螺纹距端面前 3 扣不得断损，其余部分断损总长度不得超过螺纹周长的 10%，相邻两扣同一部位不得同时断损；③ 新制钢管螺纹处须去除油垢、切屑和毛刺，端部内径缩小量不大于 1mm，弯曲部位外径的减少量不大于原外径的 10%；④ 不锈钢管不得加热调修，其他钢管火焰加热调修后须清除内、外部表面氧化皮。（5）管路滤尘器、汽水分离器现车分解检查，清理汽水分离器导流装置，密封件更新，阀体裂损时更新。（6）A2 修时气路控制箱、止回阀、各塞门（折角塞门除外）现车检查，作用不良或 A3 修时按《铁路客车空气制动装置检修规则》分解检修。（7）安装前须吹除管路内部尘垢。各滤尘网清洁，破损时更新。（8）管路组装时须在螺纹上缠绕管路密封绳或聚四氟乙烯薄膜，但不得超过螺纹端部，不得使用黑铅油、麻、管路螺纹密封胶等易破碎、易侵入管系的密封介质；连接处拧紧后须外露 1 扣以上的完整螺纹，旋入部分不得少于 4 扣；制动管与管件（或缸类、阀类）的螺纹轴线须处于同一直线上。（9）非不锈钢管检修后外部须涂与车体底架相同颜色的油漆。（10）法兰、活接连接组装须使用耐低温、耐老化的密封垫。

3. 分别说明客车制动机中间体和风缸及吊带（座）检修的基本要求。

答案要点：中间体：中间体现车检查，状态良好可不分解，清除表面锈垢，吹除内腔尘垢，漏风、窜风等故障时更换。集成式中间体腐蚀大于 2 mm 或破损时更新，钢丝螺套损坏时更新。中间体内金属粉末滤尘杯分解、清洗。

风缸及吊带（座）：（1）排除风缸积水，清除外部锈垢，吹出内部尘垢。（2）风缸局部点蚀（ϕ15mm 以下）深度大于 2 mm 但在 120 mm × 120 mm 范围内点数不超过 5 个时焊修或更换，焊点磨光，超过以上数量或点蚀穿孔、裂纹时更换。（3）焊接于缸体上的固定式吊座变形时调修，腐蚀超过 30%时补强或更换。（4）风缸焊修后按工作压力的 1.5 倍进行水压力试验，保压 3 min 不得有渗水、裂纹或变形；水压试验合格后，按工作压力进行风压试验，保压 5 min 不得有漏泄。（5）各吊带须状态良好，不锈钢吊带无裂纹、变形，紧固螺栓无松动。吊带销、吊带螺栓腐蚀超过 30%、裂纹、变形时更新。（6）风缸及非不锈钢吊带涂刷油漆时，涂刷与车体底架相同颜色油漆，风缸安装垫木更新时须进行防腐处理，风缸安装垫木与座间局部间隙不超过 2 mm。

4. 客车单元制动缸在不同检修周期时的各自的主要要求。

答案要点：膜板式单元制动缸 A2 修时试验台试验良好可不分解，A3 修分解检修；皮碗式单元制动缸 A2、A3 修分解检修。

5. 简述客车旋压（铸铁）制动缸组装的要求。

答案要点：（1）前盖、活塞、活塞杆与十字头导框安装时须原位原装。（2）组装活塞前，制动缸内壁、活塞、皮碗须涂抹 89D 制动缸脂。活塞装入缸体后，缸体内壁须涂 89D 制动缸脂。密封式制动缸前盖滤尘套的毛毡须用 89M 脂浸透。旋压式制动缸组装时须对前盖滤尘器进行清洗，更新内部棕毛，缸体内壁、前盖导向套处及皮碗周围涂 89D 制动缸脂。（3）制动缸缓解状态下，在十字头导框上平面使用白色油漆分别距制动缸前盖 140 mm、150 mm、160 mm 处（150 mm 处涂写“150”字样标记，字高 30）共画三条标记线，每条 3 ~ 5 mm 宽，长度为 100 mm。（4）制动缸外表面涂刷与车体底架相同颜色油漆。

6. J 型闸瓦自动间隙调整器段修时的要求。

答案要点：（1）分解检修，弹簧无折损，自由高较原型不小于 10mm，活塞皮碗更新。（2）各件进行组装时，风筒、活塞皮碗及棘轮套筒内须涂 89D 制动缸润滑脂，组装后进行试验，作用良好。

7. 简要说明制动装置组装时的基本要求。

答案要点：（1）缸与吊座间，制动管与吊座间衬垫须良好。（2）分配阀排气管安装时，须使排气口朝下方。（3）折角塞门、制动软管、总风软管连接器组装须符合以下要求：① 制动软管、总风软管连接器装车时，保证连接器和接头的马蹄球面的位置正确；② 软管防尘堵链裂纹、变形时调修或更新，制动软管防尘堵链的长度为（821 ± 20）mm，总风软管防尘堵链的长度为（685 ± 20）mm，其中，防尘堵链长度仅包含链及下环。（4）各软管装车后，需与其他零部件有足够安全距离，防止碰磨。（5）管路组装后，充风至工作压力，不得漏泄。（6）各杠杆、拉杆不得与相邻件及托、吊有非正常接触。均衡杠杆与托之间距离：缓解时在制动方向上须有 1/2 以上余量，制动状态下在制动方向上须有 180 mm 以上余量。制动拉杆与调整丝套组装时，螺纹部分需涂抹适量润滑脂，组装后拉杆需露出调整丝套 2 扣及以上（受结构限制可露出 1 扣以上），两端露出部分需均匀，同一调整丝套两拉杆头之间距离不少于 10 mm。拉杆与调整丝套连接采用螺母紧固防松的，螺母与调整丝套间不需加双耳止动垫片，螺母紧固后须涂打防松标记。（7）制动拉杆圆销孔段修时优先使用外孔。

第六章习题答案

1. 简述客车车窗段修的基本要求。

答案要点：车窗各部须彻底清除污垢，安装牢固，活动窗开闭或升降灵活，窗锁作用良好，胶条无老化、缺损、脱落，密封良好。不良时检修，符合以下要求。

（1）窗框及内饰框缺损、裂纹、开焊时焊修磨平或更换，变形时调修或更换。外嵌拉铆式车窗窗框铆钉、螺钉松动时更换紧固件；窗框松动、透锈时须分解检修，安装时须先涂密封胶。（2）窗玻璃破损时更换，中空玻璃进汽、进水时更换。厨房窗的下半部和洗面间、厕所、茶炉室、锅炉室、贮藏室外层窗须用磨砂玻璃。（3）活动窗平衡机构不良时修复或更换。（4）车窗防护栏状态良好，安装牢固，车窗防护栏栏杆间距及栏杆与窗框之间间隙不大于 150 mm。限位止挡良好，下拉上开式车窗控制最大开度 250 mm，上推下开式车窗控制最大开度 150 mm。（5）发电车百叶窗动作灵活，转轴部位注油，叶片腐蚀、损坏时更换；外侧防护栏安装牢固，腐蚀、损坏时更换。（6）胶条老化、缺损时更新，密封良好，接头间隙不大于 1 mm。

2. 用参数说明铁路客车段时对侧门、风挡门的要求。

答案要点：各部须彻底清除污垢，状态检查，不良时检修。门玻璃破损时更换，中空玻璃进汽、进水时更换，胶条、胶芯老化、缺损时更换，接头间隙不大于 1 mm。侧门（折页门）更换玻璃或安装胶条时，胶条内的胶芯须安装在车门外侧。

3. 简述铁路客车手动塞拉门段修要求。

答案要点：清除锈垢，状态检查。各部件齐全，无变形、锈蚀，安装牢固、作用良好，不良时分解检修。（1）电伴热装置状态良好，测试对地冷态绝缘大于 20 MΩ，通电 5 min，表面须有明显温升，状态不良时更换。（2）弹簧、锁舌、楔块轴、摇臂体、滚轮等运动组件注润滑脂，尼龙滚轮状态不良时更新（下支架尼龙滚轮 A3 修时更新）。（3）车门拉门导轨导向性能良好，开关灵活，锁闭严密，锁闭后无晃动。紧固螺栓更新时，须涂螺纹锁固胶。

（4）钢丝绳衬套与拨抓 V 形槽间须有 2 ~ 3 mm 间隙。（5）车门内、外解锁装置、压紧装置须作用良好。（6）塞拉门关闭后，下部与门框无间隙，上部与门框间隙不大于 1 mm。

4 简要说明电控气动塞拉门的检修规程与特点。

答案要点：清除锈垢，状态检查，各零部件齐全，安装牢固，作用良好，不良时分解检修。（1）电控系统各部无烧损。（2）电控箱内外及电器件清洁，接线牢固,各标记清晰，与图纸一致。电源箱输出电压正常、稳定。各标牌、图纸齐全、清晰、正确。（3）各微动开关或行程开关调试良好，动作准确，安装牢固。（4）电伴热装置状态良好，测试对地冷态绝缘大于 20 MΩ，通电 5 min，表面须有明显温升，状态不良时更换。（5）气路系统过滤减压阀调整值须在 460 ~ 610 kPa 范围内，各管路连接正确，排列整齐，安装牢固，无漏泄；气缸无裂损，作用良好。（6）门扇清洁、无损伤，上下滑道、防护罩内、门框周边胶条清洁、无杂物。胶条破损、龟裂、老化、变形严重、密封不良时更新，尼龙滚轮状态不良时更新（下支架尼龙滚轮 A3 修时更新）。紧固螺栓更新时，须涂螺纹锁固胶。（7）翻转脚蹬，转轴盒分解检查，涂润滑脂。（8）各运动件加润滑脂，动作灵活，作用良好，无锈蚀、损坏，锁闭严密，无晃动。防挤压胶条涂低温润滑脂。（9）内外开关锁、中央锁、隔离锁、紧急锁须作用良好。（10）塞拉门关闭后，下部与门框无间隙，上部与门框间隙不大于 1 mm。（11）进行性能试验，须符合以下要求：① 5 km/h 信号功能模拟试验，5 km/h 自动闭锁功能良好；② 电控方式下开门时，门的单程运行时间须为 2 ~ 5 s；③ 气动开启时门的净开度须为 710 ~ 740 mm（无障碍车二位端塞拉门须大于 850 mm）；④ 防挤压及 98%行程关门作用良好，电控方式关门时，用 30 mm × 60 mm（30 mm 尺寸为受挤压面）的木块进行防挤压测试，防挤压功能须良好；⑤ 气动开门时翻转脚蹬须自动放平，关门时翻转脚蹬须自动向上翻转至挡块处；无气时，翻转脚蹬须自动翻起（无联动功能塞拉门除外）；⑥ 乘务室带有塞拉门状态显示功能的，塞拉门开、闭后功能显示正常。

5. 简要说明非电气化餐车厨房燃煤炉灶段修的基本要求和注意事项。

答案要点：（1）彻底清除炉灶表面油垢及内部烟尘。对燃煤炉灶及其配件进行状态检查，不良者分解检修。（2）炉灶防火板须清除污垢，腐蚀、破损时修补或截换，铁质防火板检修后涂耐高温防锈底漆和面漆。拼接挡火板接缝处须压接严密。（3）燃煤炉灶内部隔热防火层须完整，缺损时填补或整体更换。（4）分解烟囱帽，彻底清除排烟筒、烟囱帽油垢及烟尘。烟筒、隔热套损坏时修复或更换，烟筒内部腐蚀时须对烟筒及隔热层整体更换。隔热套、散热罩及烟筒须伸出车顶外 15 ~ 40 mm（无法兰座时为 75 ~ 200 mm）。车顶隔热套与顶板以及烟筒与罩座接触须严密。（5）防火隔热材料缺失、损坏者补充完整，防火作用须可靠良好。（6）燃煤炉灶各门、把手、集灰屉、炉排、金属炉台、风门、烤箱等配件须作用良好、可靠。燃煤炉灶及排烟筒、烟囱帽须安装牢固，并涂刷耐高温防锈漆。

第七章习题答案

1. 说明铁路客车给水管系段修的基本要求。

答案要点：（1）给水管系及各阀、塞门进行状态检查，作用不良时分解检修或更换。（2）各部水管腐蚀超过 50%时更换，漏水、变形时更换。各水管更换时，外露部分须使用不锈钢管，其余与原材质一致；各管组装后须留有1扣以上的完整螺纹。（3）各管、固定卡及座安装牢固。（4）注水口罩安装牢固，作用良好，涂刷规定颜色油漆。

2. 简要说明客车水箱段修的基本要求。

答案要点：（1）水箱注水检查，不漏水时可不分解。（2）水箱漏水时检修，水箱挖补、截换时须用与原材料材质及厚度相同的板材。水箱焊修后进行注水试验，保持5 min无漏泄。（3）水箱外露部分包裹层不良时修补。（4）水箱固定螺栓紧固良好，安装梁无裂纹，状态良好。（5）生活用水水位指示表须校验，校验合格后涂打检定年、月及校验单位简称，待组装上车注水试验后，在满水位位置粘贴红色指针标识。

3. 简要说明燃煤茶炉段时应注意的主要问题和关键部位的要求

答案要点：（1）燃煤茶炉清除内部水垢，注水检查，状态不良时下车检修。（2）炉体表面除锈并涂防锈漆，腐蚀渗漏时挖补或截换，无法修复时更换。（3）各阀及塞门作用良好。（4）焊修后须进行100 kPa水压试验，保压5 min无漏泄。（5）烟囱与隔热套间隔热材完整、紧密。烟囱口须高出烟囱帽安装座面15 ~ 40 mm，防火密封套安装牢固。防火隔热材料缺失、损坏者补充完整。（6）排汽管须清除锈垢，安装牢固，排汽通畅。（7）水位计状态良好。（8）安装后，茶炉须进行焚火试验，燃烧状态良好。（9）燃煤茶炉安装座腐蚀超过30%、裂纹时焊修或更换，安装牢固，作用良好。

4 简要铁路客车采暖系统段修时采暖管系的特殊要求

答案要点：（1）各管腐蚀超过50%时更换，漏水时焊修或更换。各管紧固后须留有1扣以上的完整螺纹。（2）端门下部过道管外露部分清除锈垢，涂刷防锈漆。（3）厕所内上部循环管隔热层包扎完整。（4）顶棚、锅炉室内各闸阀及地板下面的排水阀作用不良时分解检修；其余各阀、塞门、锅炉排水栓及集尘器堵须分解检修，检修后作用良好。

5 简要铁路客车温水锅炉及水箱的基本要求。

答案要点：（1）锅炉须冲洗内部水垢，有腐蚀漏水时挖补或截换。（2）膨胀水箱、锅炉室水箱外观检查，漏水时挖补或截换。（3）水箱固定螺栓紧固良好，安装梁无裂纹，状态良好。（4）车顶隔热套分解检查，烟筒周围须有厚度大于40 mm的隔热套（原设计无隔热材者除外）；散热罩及烟筒须伸出车顶外，车顶隔热套与顶板以及烟筒与罩座须严密无缝隙；烟囱安装时，烟囱及烟囱隔热套上部须伸出外顶板75 ~ 200 mm，车外顶板有带法兰的安装座者其烟囱须伸出安装座15 ~ 40 mm（特殊要求者除外），烟囱下部与炉体安装须严密牢固。防火隔热材料缺失、损坏者补充完整。

6. 简要铁路客车卫生系统中对排水、排便筒的要求。

答案要点：安装牢固，金属件腐蚀超过30%、根部腐蚀超过20%时更换，橡胶件破损、老化时更新。橡胶导筒须有卡环安装结构，卡箍须为不锈钢材质。

7. 简述真空集便装置控制系统检修的基本要求。

答案要点：（1）电气控制柜、气水控制盘和电控箱门锁、门止、折页、插销等齐全良好。A2修时，柜（箱）门密封件破损、老化、密封不严时更新；A3修时，各柜（箱）门密封件须更新。（2）柜（箱）门开关灵活，关闭严密，无变形、破损、翘起，不良时调修。（3）内部电器件接线须紧固，各部无烧损，配线排列整齐，信号显示正确，检查电气控制柜安装螺栓齐全，紧固无松动。（4）清洁真空发生器控制柜内空气电磁阀外表面，通电检查，动作须正常。

第八章习题答案

1. 简要说明铁路客车段时对配线及接线端子的基本要求。

答案要点：（1）打开各分线盒、接线盒、检查盖，对可见配线、端子等部件进行外观检查，须符合以下要求：① 配线绝缘层老化、油浸、烧损、变色时更换，配线受潮时须处理，局部硬伤、破损处进行绝缘处理或更换；② 接线端子、接线柱及螺母外观良好，无变形、灼痕、氧化、裂纹；接线端子与配线压接牢固，线端线号清晰，与图纸一致；接线端子与接线柱安装牢固，防松标记清晰、无错位；接地线状态良好；③ 防护管套无老化、破损，出线口、过墙、过梁、水箱及锅炉（茶炉）附近的配线须防护良好。金属套管腐蚀剩余厚度不足 50% 时更换；④ 接线板、接线排外观良好，安装牢固，无烧损、变色；绝缘板无裂损、碳化、老化；接线柱螺栓安装牢固；笼式端子状态良好。（2）更新配线时，电力干线、信号线和线管、线槽内配线不得有接点；配线更新时，线径符合要求。（3）电气安装螺母紧固力矩须符合规定，紧固后涂打防松标记。

2. 分别说明铁路客车段修时对电气开关、插座、按钮的特殊要求和注意事项。

答案要点：（1）各开关、插座、按钮分解面板状态检查，配件齐全，性能良好。（2）检查可见接线端子及配线状态良好，无老化、破损、松脱、烧损、变色等缺陷。（3）各开关、插座、按钮标识齐全、清晰、正确。（4）通电试验，各开关、插座、按钮性能良好。

3 举例说明铁路客车段时绝缘、电阻检测的基本方法和主要技巧。

答案要点：（1）在各车端连接器座处，检测各配线绝缘，在配电盘或控制柜接线排处，检测电气设备配线（缆）线间及对地绝缘。① 车端连接器座处绝缘检测范围为车下干线，包括车下贯通及车下至控制柜间的交、直流电源线；② 配电盘或控制柜接线排处绝缘检测范围为至各电气装置的电源线（不含电气装置）线间及对地绝缘；③ 发电车柴油发电机组 D、E、F 修时，检测发电机至发电车控制屏间配线（缆）线间及对地绝缘。（2）各接地线连接状态良好，符合《铁路客车电气装置检修规则》要求，无特殊要求的，接地电阻值不大于 4 Ω；带轴端接地装置的车辆，保护电阻的冷态直流电阻为（75 ± 25）mΩ。

4. 简要铁路客车整车车电落成试验的基本方法与关键步骤。

答案要点：（1）相序试验：各路干支线相序须一致，无缺相现象。（2）各电气装置试验按《客车车电装置检修规则》相关要求执行。全部负载工作状态下，检查绝缘监测装置（漏电报警器）无报警，无绝缘监测装置（漏电报警器）时用 DC110 V/15 W 试漏灯对 DC110 V 系统配线，DC48 V/8 W 试漏灯对 DC48 V 系统配线正、负极对地进行绝缘测试，符合要求，以灯泡钨丝不红为准。（3）电气接线温升检查。负载通电试验 30 min 以上，检测电源转换箱、空调控制柜、照明控制柜、综合控制柜主接线排接线处，主接触器进、出线接线处，主空气开关进、出线接线处，及发电车配电柜主接线端头，空气断路器的进、出线接线处，冷却风扇接触器进、出线接线处等的温度，符合下列要求：接线处温度不得高于环温 35 ℃，同一电器接线处各相温度差不大于 15 ℃。（4）联网试验。模拟车辆间联网播音正常，无混路现象，网线（烟火报警器、轴温报警器、防滑器、电源、空调等）Ⅰ路、Ⅱ路通信正常，信息显示正确。行车监控网络通信、制动监测网络通信、车载信息无线传输装置通信正常。

第九章习题答案

1. 简要说明客车段修油漆的主要部位。

答案要点：车体外墙板、车顶外表面及车下箱体等悬吊件须清除锈垢，A2 修时可局部补漆；A3 修时 25T（19T）和 25G（600 V）型客车可局部补漆，其他车型重新喷涂（有特殊要求者除外）。车底架防腐不良的彻底清除锈垢后局部补涂。

2. 铁路段修外墙板油漆的基本要求是什么？

答案要点：外墙板油漆需符合以下要求：（1）腻子须修补平整，打磨光滑。（2）局部修补时须采用原漆种补涂，颜色相近，并进行过渡处理。（3）喷涂后面漆须光洁，无流坠、橘皮、针孔等缺陷，各界线平直清晰。

3. 举例说明客车外部油漆颜色的要求

答案要点：24 型、25 型（单层 25B、单层 25G、25K、25T、19K、19T）客车车体外皮（包括侧墙、侧门、端墙、脚蹬、翻板底面）油漆主色为橄榄绿色（G06），车顶（包括雨檐）为中灰色（B02），车底（包括转向架、车下悬挂等）为黑色（RAL9017），饰带为淡黄色（Y06），车体外部标记无特殊要求的为淡黄色（Y06），车下悬挂件标记无特殊要求的为白色（RAL9003）。双层客车、国际联运客车、行包快运车、内燃动车组各部油漆颜色及标记按原型涂打。

4. 举例说明客车段修时检修标记涂打的基本要求。

答案要点：A2 修时修改相应定检标记，A3 修时油漆标记重新涂打；标牌（铭牌）不清、损坏时修补或更换。

5. 举例说明典型的标记及内容

答案要点：检修完毕后，在车辆二、三位端涂打定检标记，定检标记位置为：车体端梁向上 800 mm 处为表格框下线位置（有登顶梯结构的在两梯中间位置涂打），车体侧墙向内 300 mm 处为表格线右线位置（受结构限制者可适当调整）；标记规格：外框表格线宽 3 mm，框内表格线宽 2 mm，字体为 40 号宋体（**仅表述清楚即可，无须列图表示**）。

第十章习题答案

1. 铁路客车段修后整车落成的基本要求。

答案要点：（1）在枕外距枕梁中心（200 ± 20）mm 的车顶雨檐下平面（或侧墙顶部）至侧墙板下边缘测量车体左右倾斜，不大于 30 mm。（2）转向架上各配线须安装牢固并留有适当的余量，保证在车辆运行中不被拉张，不磨碰。（3）心盘承载客车，上、下心盘边缘的垂直间隙不小于 3 mm；同一转向架上、下旁承间隙两侧之和为 4 ~ 6 mm，两侧均不得密贴。（4）抗侧滚扭杆装置与车体底架连接的客车，抗侧滚扭杆连杆须在找平后空气弹簧处于充气状态下连接。安装时不允许用螺栓紧固来消除间隙。一侧连杆与扭臂接触，另一侧连杆与对应侧扭臂间隙大于 1 mm 时，须加垫调整。（5）盘形制动客车构架上单元制动缸限位螺栓无松动，限位螺栓与单元制动缸间隙为 2 ~ 10 mm。（6）装用空气弹簧的客车，总风系统压力达（600 ± 10）kPa 后对空气弹簧及其供风管路进行保压试验，保压 10 min 漏泄不超过 10 kPa（或以空气弹簧工作高下降不大于 3 mm 来判定）。装用空气弹簧的客车找平后，若车体与转向架分离，不得改变高度阀调节杆长度，否则须重新找平。（7）转向架各垂下件与轨面距离不小于 60 mm（闸瓦插销不小于 70 mm），电器装置不小于 100 mm。（8）转向架上部与车体底架下部各零部件的垂直距离：横梁（或制动横梁）以内（含横梁）不小于 50 mm（手制动拉杆、手制动钢丝绳、摇枕与枕梁之间零部件除外）；横梁（或制动横梁）以外不小于 75 mm（CW-200K、SW-220K 型转向架不小于 60 mm，分线盒箱体与构架不小于 50 mm）；对二系悬挂采用钢簧的转向架，线管及空气制动管与轮缘、制动盘距离须大于 100 mm。（9）落成找平时，按规定力矩紧固各紧固件，并涂打防松标记。

2. 铁路客车段修后车钩缓冲装置的落成要求。

答案要点：车钩缓冲装置装车前，确认车体防跳板状态良好。（1）风挡缓冲板外侧面与钩舌外侧面距离为 13 ~ 35 mm（密接式车钩、折棚风挡除外）。测量钩舌与钩腕内侧面距离，闭锁位置不大于 130 mm，全开位置不大于 245 mm；小间隙钩舌闭锁位置不大于 120 mm。（2）钩提杆落在钩提杆座内，顺时针拉紧钩提杆，钩提杆与下锁销连杆之间距离大于 15 mm，钩提杆与提杆座凹槽配合间隙不大于 2 mm。（3）测量车钩高度（有空气弹簧的须充至工作高度），15 号系列车钩（含托梁式车钩）的中心线上沿至钢轨面的垂直距离为 860 ~ 890 mm。密接式车钩圆锥顶尖至钢轨面的垂直距离为 850 ~ 880 mm。（4）同一辆车两端钩高差：15 号系列车钩（含托梁式车钩）不大于 10 mm，密接式车钩不大于 30 mm；一端为密接钩，另一端为托梁钩的不大于 40 mm。（5）钩身上部与冲击座下部间隙为 20 ~ 48 mm。（6）密接式车钩调整钩高时可加不超过 2 块、总厚度不大于 10 mm 的垫板。

3. 铁路客车段修后 209T、209P、206G、206P 型转向架落成要求。

答案要点：（1）转向架落成后，摇枕吊须入槽，摇枕吊轴与吊组装正位，各摇枕吊受力状态良好，不得上下窜动。（2）车体找平后，车辆处于缓解状态时，调整摇枕同一端两侧与构架摇枕吊座之间的间隙差不大于 5 mm 时，紧固牵引拉杆（不得以其调整摇枕偏移量）。（3）转向架构架两端外侧的导柱安装面与轨面垂直距离：同一转向架左右差不大于 10 mm，前后差不大于 12 mm。（4）同一轴箱圆弹簧高度差不大于 6 mm，支持环下边缘与轴箱弹簧座上边缘间隙不小于 5 mm。（5）可在轴箱弹簧装置下方，加总厚度不大于 10 mm 且数量不超过 1 块的调整铁垫。209T/P 型转向架摇枕弹簧允许在弹簧夹板与弹簧之间加厚度不大于 6 mm 的调整铁垫（为补偿不同车重造成的弹簧高差而预添加的设计结构垫除外）。206G/P 型转向架允许在弹簧夹板与原结构橡胶垫（厚度 10 mm）之间加 1 块厚度不大于 12 mm 的调整橡胶垫。（6）转向架构架侧梁底面与轴箱体顶部的距离不小于 38 mm（包括轴温报警器传感器）。

4. 简要说明 209PK 型转向架落成要求。

答案要点：（1）落成后，空气弹簧工作高度为 192 ~ 200 mm。（2）空气弹簧处于工作高度时，测量构架两端外侧的导柱安装面与轨面垂直距离：同一转向架左右差不大于 10 mm，前后差不大于 12 mm。（3）可在轴箱弹簧装置缓冲胶垫下方，加总厚度不大于 10 mm 且数量不超过 2 块的调整铁垫。（4）同一轴箱圆弹簧高度差不大于 6 mm，支持环下边缘与轴箱弹簧座间隙不小于 5 mm。（5）转向架构架侧梁下部与轴箱体顶部的距离不小于 38 mm（包括轴温报警器传感器）。

5. 简述 209HS 型转向架落成要求。

答案要点：（1）在空气弹簧无压力时，车钩高为（855 ± 5）mm，不足时可用旁承垫进行调整，中心销圆锥面端部与橡胶钢套端部不得接触；将空气弹簧充气至高度 196^{+4}_{-0} mm（包括 4 mm 厚橡胶垫）时，构架侧梁下平面与摇枕垂向间隙不小于 35 mm；落成后，空气弹簧工作高度为（193 ± 7）mm，同一转向架两侧空气弹簧高度差不大于 10 mm。（2）在空气弹簧处于工作高度时，测量构架两端外侧的导柱安装面与轨面垂直距离：同一转向架左右差不大于 10 mm，前后差不大于 12 mm。（3）可在轴箱弹簧装置缓冲胶垫下方，加总厚度不大于 10 mm 且数量不超过 1 块的调整铁垫。（4）全车落成找平后，同一轴箱弹簧高度差不大于 6 mm，同一转向架轴箱弹簧高度差不大于 8 mm。（5）轴箱两侧下部定位器防松吊座螺栓紧固时须使定位器与导柱止口密贴。（6）转向架构架侧梁下部与轴箱体顶部的距离不小于 38 mm（包括轴温报警器传感器）。

6. 简述 CW-2（1）型转向架落成要求。

答案要点：（1）落成后，空气弹簧工作高度为（150 ± 3）mm。同一转向架两侧之差不大于 3 mm。（2）在空气弹簧处于工作高度时，测量构架定位座下表面至轨面高度：同一转向架高度差不大于 4 mm。（3）可在轴箱弹簧和上定位座之间加 1 块不大于 5 mm，弹簧下方加不超过 2 块，总厚度不大于 10 mm 调整铁垫，加垫时优先加在弹簧下方。（4）摇枕距构架下平面距离：CW-2 型转向架为（45 ± 3）mm，CW-1 型转向架为（29 ± 3）mm（测量基准块到构架下平面距离，无基准块车辆为（37 ± 3）mm。（5）测量构架侧梁底面与轴箱体顶部间隙，不得小于 30 mm（包括轴温报警器传感器）。

7. 简述 SW-160（H）型转向架落成要求。

答案要点：（1）整车落成时，空气弹簧上盖与底座须正位。测量空气弹簧上平面与构架测量基准上平面高度为（0 ± 5）mm，同一转向架两侧之差不大于 3 mm。（2）在空气弹簧处于工作高度时测量构架弹簧支撑座上表面至轨面高度：同一转向架左右差不大于 10 mm，前后差不大于 12 mm。（3）可在轴箱弹簧装置缓冲胶垫下方，加总厚度不大于 8 mm 且数量不超过 2 块的调整铁垫。（4）轮对提吊与定位转臂挡座处的间隙不小于 12 mm。

8. 简述 SW-220K 型转向架落成要求。

答案要点：（1）空气弹簧工作高度下，构架上的测量基准面与空气弹簧上平面距离为 [（320 + t）± 3] mm（其中 t 指空气弹簧调整垫厚度，不大于 30 mm；t 在 16 ~ 30 mm 范围时，在牵引销的安装面加 15 mm 的铁垫板），同一转向架两侧空气弹簧高度差不大于 3 mm。（2）在空气弹簧处于工作高度时测量基准块至轨面垂直距离：同一转向架左右差不大于 8mm，前后差不大于 10 mm。（3）可在轴箱弹簧装置缓冲胶垫下方，加总厚度不大于 8 mm 且数量不超过 2 块的调整铁垫。（4）横向止挡与纵向梁挡板之间间隙每侧为（40 ± 2）mm，两侧之和为（80 ± 2）mm。（5）轮对提吊间隙不小于 15 mm。

9. 简述 AM96 型转向架落成要求。

答案要点：（1）空气弹簧充气状态下，转向架空气弹簧盖板（包括调整板厚度）距轨面高度为 1020^{+2}_{-5} mm，两侧高度差不大于 4 mm。不足时，优先在空气弹簧座处加数量不超过 3 块，总厚度不超过 18 mm 的调整垫调整，仍不足时在空气弹簧上盖板处加数量不超过 2 块，总厚度不大于 36 mm 的铁垫调整。空气弹簧充气与排气时空气弹簧盖板（包括调整板厚度）距轨面高度差为 30 ~ 35 mm。（2）空气弹簧处于工作高度时测量基准块至轨面垂直距离：同一转向架左右差不大于 8 mm，前后差不大于 10 mm。（3）可在轴箱弹簧装置缓冲胶垫下方，加总厚度不大于 6 mm 的调整铁垫。（4）转向架牵引销与横向止挡间隙每侧为（20 ± 2）mm，两侧之和为（40 ± 2）mm；纵向间隙为 13 ~ 17 mm。（5）轮对提吊间隙不小于 35 mm。（6）抗侧滚扭杆装置：车辆找平后连接抗侧滚扭杆的连杆与扭臂，单侧间隙超过 1 mm 时，须在一侧加垫调整（数量不大于 2 块，总厚度不大于 5 mm）。青藏车组装力矩为（173 ± 10）N · m；平原车组装力矩为（200 ± 10）N · m。

10. 简述铁路客车段修后对基础制动装车要求。

答案要点：（1）折角塞门安装后须与铅垂线呈 30°夹角。（2）制动软管连接器口平面须与车体中心线呈 45°夹角。

11. 简述客车段修后的主要试验内容及方法。

答案要点：（1）制动、供风试验：按照《铁路客车空气制动装置检修规则》进行制动、供风装置单车试验。（2）车内设备试验：按照 6.2 进行塞拉门试验，按照 7.1.3 进行注水试验，按照 7.2、7.3.4 进行锅炉焚火试验，按照 7.4.2.9 进行真空集便器试验。各侧门、风挡门、窗、锁开闭试验，须开闭灵活，锁闭作用良好。（3）电气装置试验：按照 8.6 进行绝缘和电阻检测，按照 8.7 进行电气试验。

参考文献

[1] 中国国家铁路集团有限公司. 铁路客车段修规程[Z]. 2022.

[2] 张九高. DC01 型地铁车辆改交流驱动前后牵引系统的区别[J]. 城市轨道交通研究，2010（4）：31-34.

[2] 徐惠林. 北京地铁 5 号线车辆电传动系统[J]. 机车电传动，2008（6）：11-13.

[3] 袁登科，陶生桂. 变流变频技术在轨道车辆中应用发展综述[J]. 电机与控制应用，2009（5）：47-51.

[4] 陈英，陈燕成都地铁 1 号线车辆电气牵引系统[J]. 铁道机车车辆，2009（5）：38-40.

[5] 陶生桂. 地铁 1 号线车辆 IGBT 静止辅助逆变器研制[J]. 城市轨道交通研究，2000（2）：110-114.

[6] 杨峰. 地铁车辆制动系统浅析[J]. 现代城市轨道交通，2009（4）：71-74.

[7] 丁崇恩. 地铁列车的新型逆变器系统[J]. 变频器世界，2004（8）：63-65.

[8] 骆志勇. 第三轨牵引供电技术浅析[J]. 轨道交通，2006（3）：71-73.

[9] 李晓东. 对地铁电力牵引传动技术方案的探讨[J]. 天津市政工程，2003（2）：68-70.

[10] 胡引娥，程有平. 广州地铁 1 号线车辆的牵引逆变器[J]. 机车电传动，2003（1）：79-81.

[11] 郑沃奇. 广州地铁 2 号线车辆辅助逆变器[J]. 机车电传动，2006（5）：61-64.

[12] 毛明平，李定南. 上海明珠线地铁车辆电气系统[J]. 变频器世界，2004（8）：141-145.

[13] 薛克仲. 城市轨道车辆车体材料选择[J]. 城市轨道交通研究，2003（1）：78-80.

[14] 张斌，潘玲. 城轨交通车辆限界和设备限界计算[J]. 现代城市轨道交通，2007（3）：121-123.

[15] 郭泽阔，闫雪燕. 城市轨道交通车辆车体材料的选择分析[J]. 西部交通科技，2009（10）:189-193.

[16] 唐春林，陈春棉. 城市轨道交通列车辅助供电系统分析[J]. 电气开关，2008（1）：

[17] 张大海，施承有. 成都地铁 1 号线列车微机网络控制系统[J]. 机车电传动，2009（6）：

[18] 文龙贤. 天津滨海快速轨道交通列车监控系统[J]. 铁道车辆，2004（1）：

[19] 黄争艳，杨建国. 我国城轨交通列车自控系统状况分析及展望[J]. 电气化铁道，2003（1）：78-80.

[20] 项文路. 现代城市轨道车辆空调系统的特点及发展方向[J]. 铁道机车车辆，2007（10）：

[21] 于松伟. 我国地铁接触轨技术发展综述与研发建议[J]. 都市快轨交通，2004（2）:
[22] 朱俐琴. 城市轨道交通系统供电制式与受流方式分析[J]. 电力机车与城轨车辆，2003（3）：36-39.
[23] 柳拥军，杨中平. 直线感应电机悬挂技术[J]. 都市快轨交通，2006（1）：17-20.
[24] 吕刚，范瑜. 直线感应电机推力和法向力的解析计算与分析[J]. 电机与控制学报，2010（3）：47-49.
[25] 吕刚，轨道交通中的直线感应牵引电机特性分析[J]. 北京交通大学学报，2009（5）：88-90
[26] 刘绍勇，刘莉. 福冈地铁 3 号线直线电机 3000 型车辆[J]. 现代城市轨道交通，2006(1)：101-103
[27] 吴萌玲，裴玉春. 我国城市轨道车辆制动技术的现状与思考[J]. 机车电传动，2006，9（10）：111-115.
[28] 夏寅荪. 城市轨道交通电动车组的制动技术研究[J]. 城市轨道交通研究，1998（3）：47-51.
[29] 中国北方机车车辆工业集团公司. 城市轨道交通车辆设计图册[M]. 成都：西南交通大学出版社，2007.
[30] 曾青中，韩增盛. 城市轨道交通车辆[M]. 成都：西南交通大学出版社，2007.
[31] 张振淼. 城市轨道交通车辆[M]. 北京：中国铁道出版社，2007.
[32] 吴祥明. 磁悬浮列车[M]. 上海：上海科学技术出版社，2008.
[33] 何宗华. 城市轨道交通车辆运行与维修[M]. 北京：中国建筑工业出版社，2007.
[34] 张凡. 城市轨道交通概论[M]. 成都：西南交通大学出版社，2007.
[35] 李建国. 城市轨道交通概论[M]. 北京：机械工业出版社，2009.
[36] 张振淼. 城市轨道交通车辆[M]. 北京：中国铁道出版社，2007.
[37] 曾青中. 城市轨道交通车辆[M]. 成都：西南交通大学出版社，2006.
[38] 西安地铁运营公司. 西安地铁二号线车辆基本知识与检修手册[M]. 北京：中国铁道出版社，2019.
[39] 殳企平. 城轨轨道交通车辆制动技术[M]. 北京：中国水利水电出版社，2009.
[40] 杨鲁会. 城市轨道交通车辆制动系统[M]. 北京：中国铁道出版社，2012.
[41] 牛凯兰，牛红霞. 城市轨道交通行车组织[M]. 北京：机械工业出版社，2013.
[42] 李宇辉，城市轨道交通应急处理[M]. 北京：人民交通出版社，2011.
[43] 阎国强，仇海兵. 城市轨道交通概论[M]. 北京：人民交通出版社，2010.
[44] 仇海兵，城市轨道交通车站设备[M]. 北京：人民交通出版社，2011.
[45] 徐新玉，城市轨道交通运营管理规章[M]. 北京：人民交通出版社，2011.
[46] 耿幸福，城市轨道交通行车组织[M]. 2 版. 北京：人民交通出版社，2012.

[47] 李显川，城市轨道交通车辆运用[M]. 北京：电子工业出版社，2012.
[48] 永秀，城市轨道交通车站运作管理[M]. 北京：机械工业出版社，2012.
[49] 牛凯兰，牛红霞. 城市轨道交通行车组织[M]. 北京：机械工业出版社，2013.
[50] 李建国. 城市轨道交通系统概论[M]. 北京：机械工业出版社，2012.
[51] 裴瑞江，城市轨道交通客运组织[M]. 北京：机械工业出版社，2013.
[52] 李慧玲，刘冰. 城市轨道交通安全管理[M]. 北京：人民交通出版社. 2011.